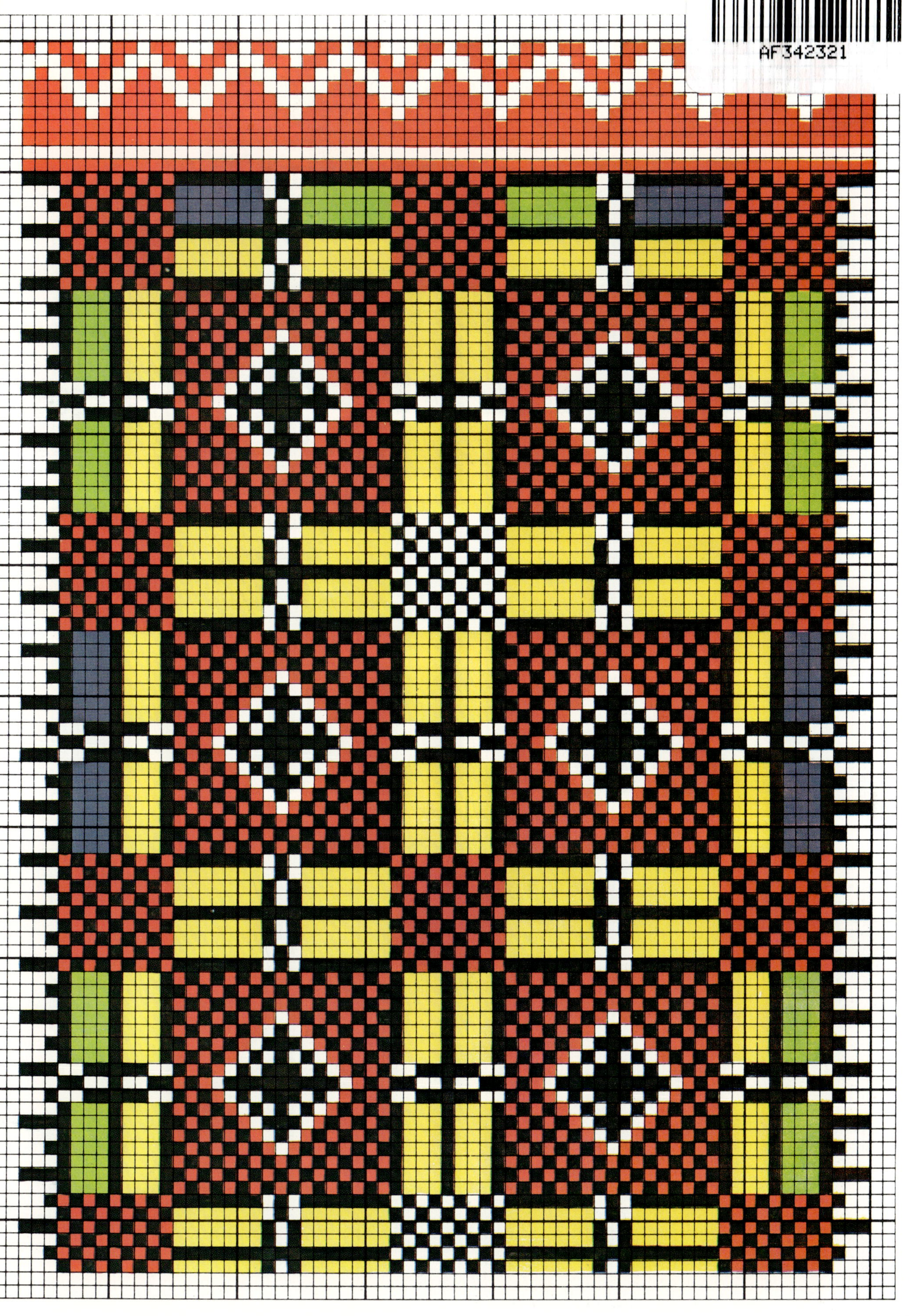

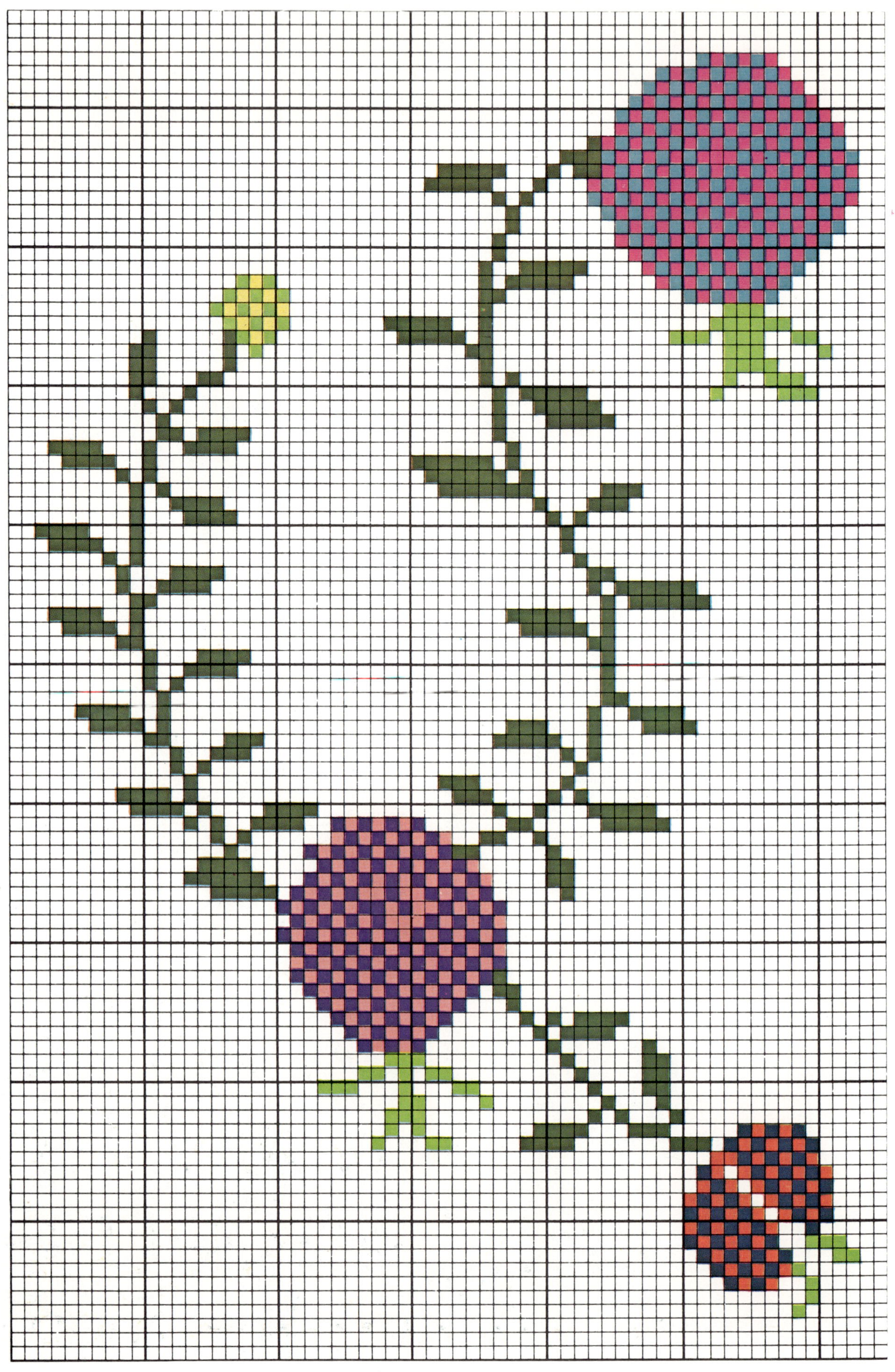

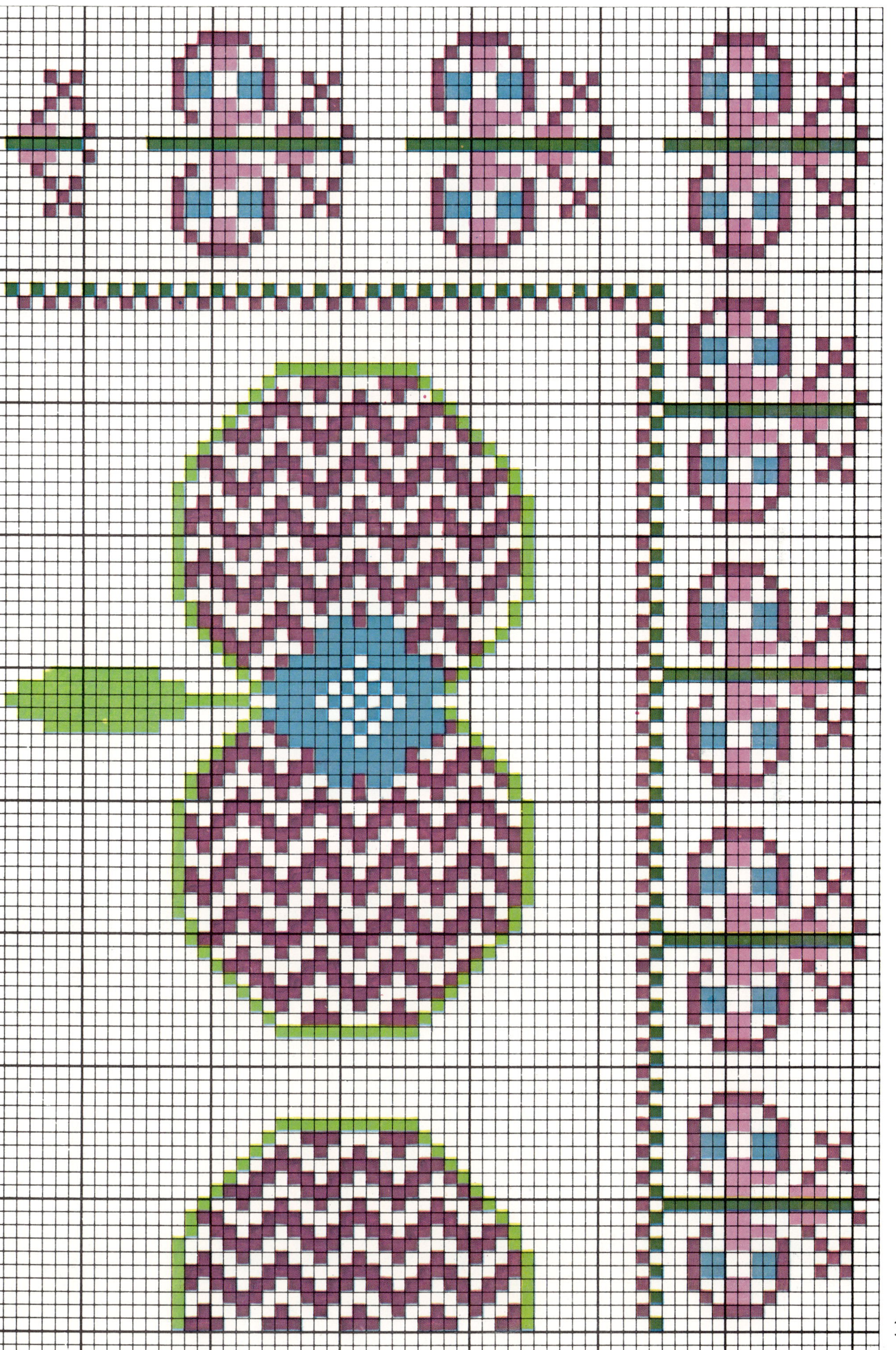

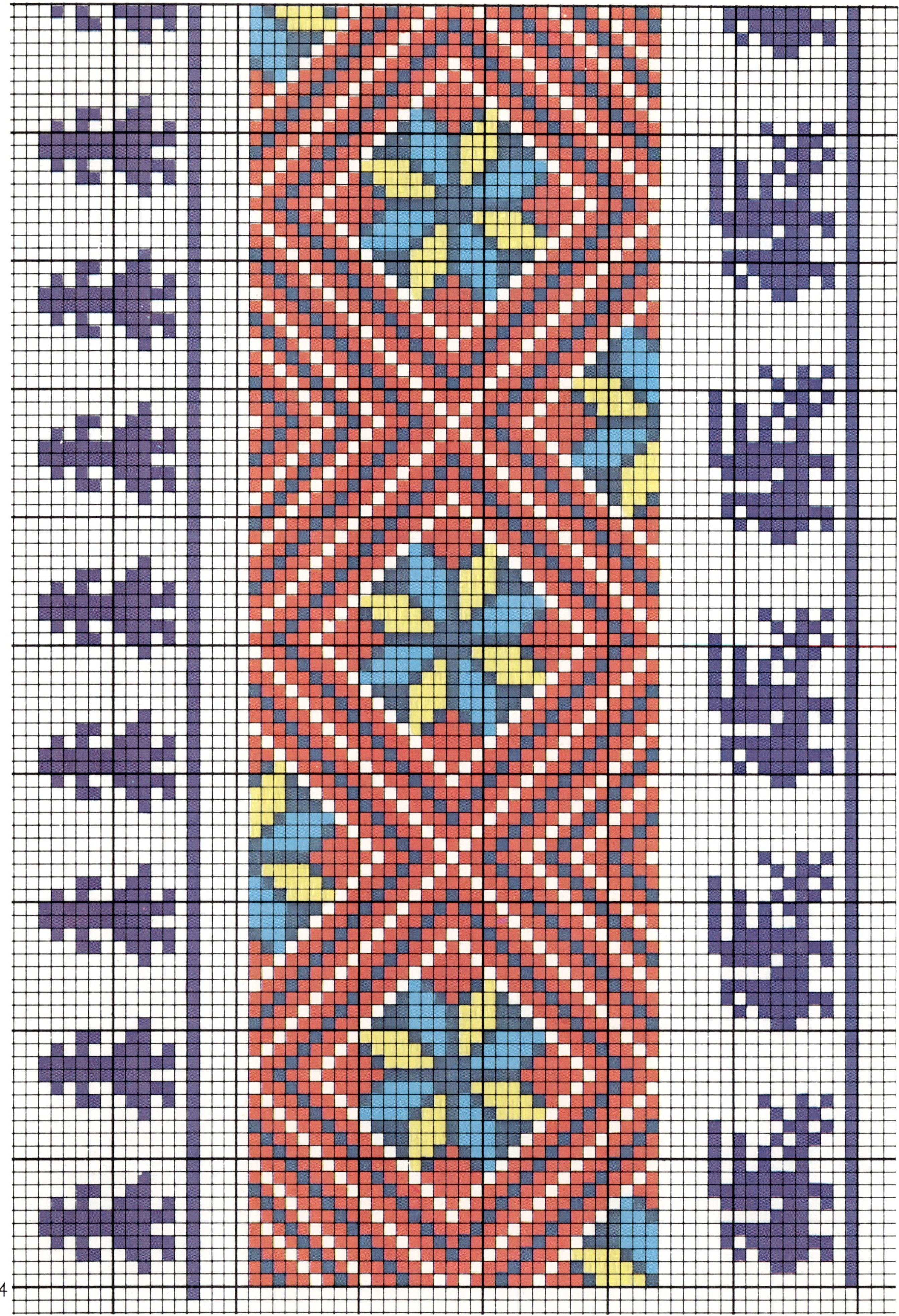

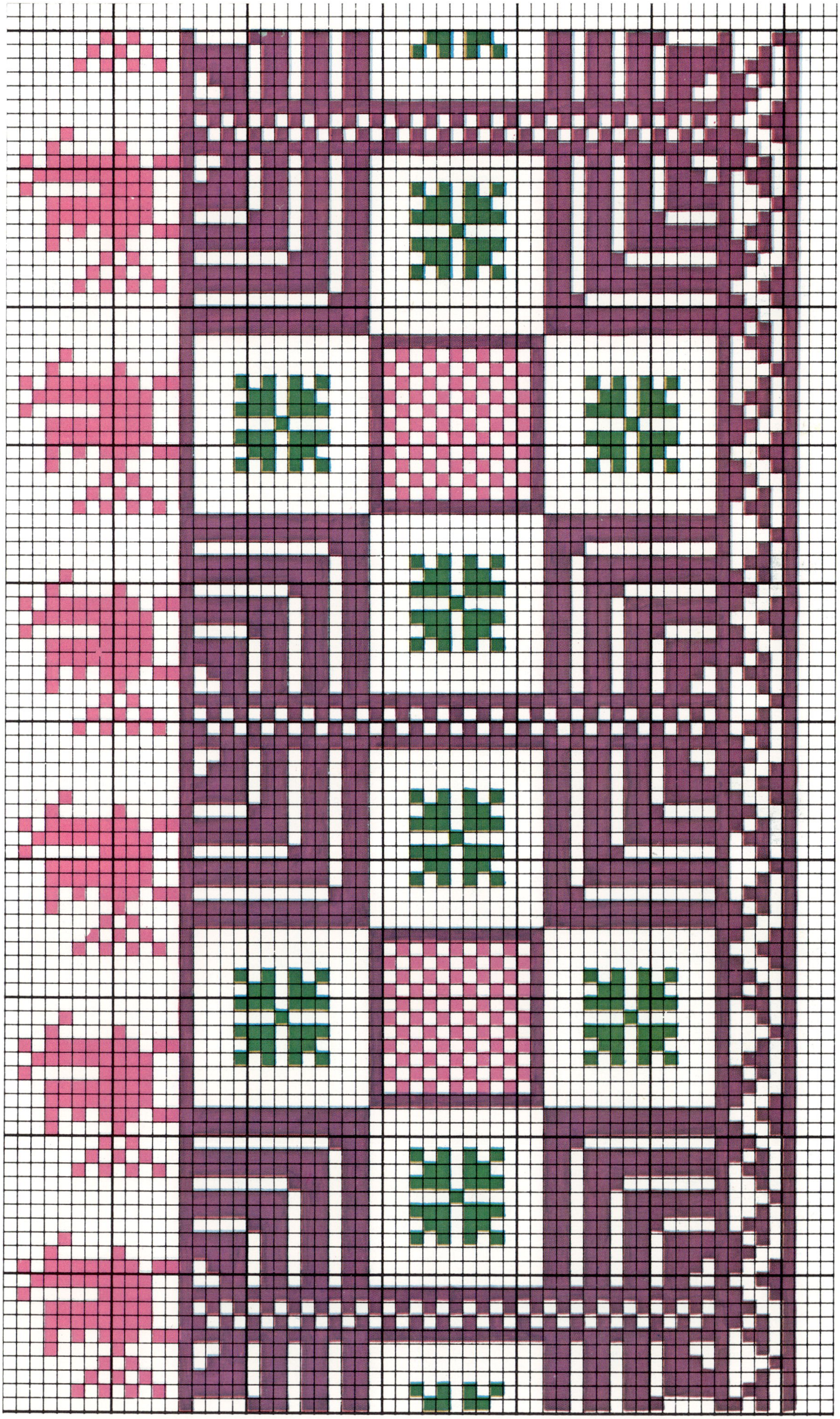

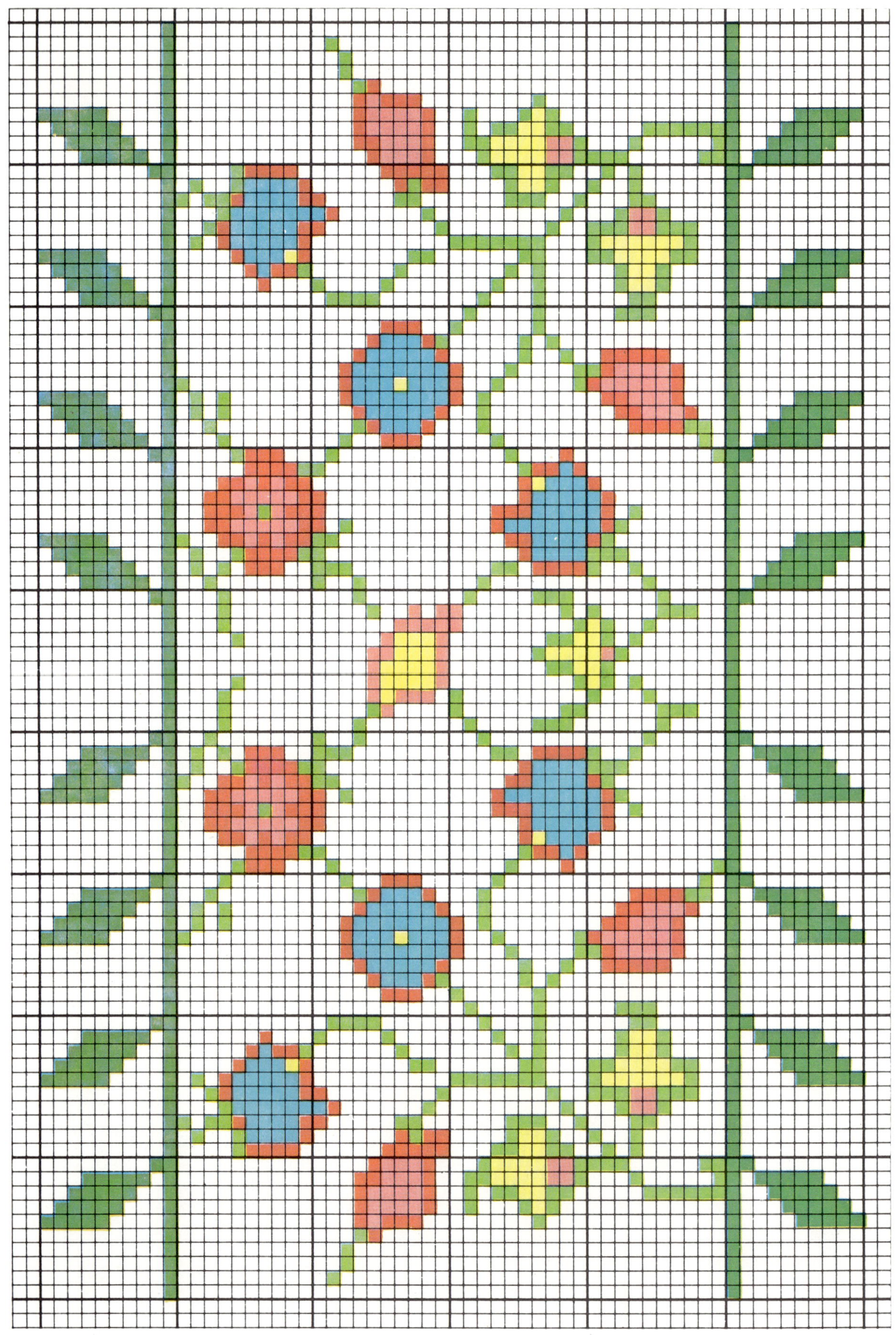

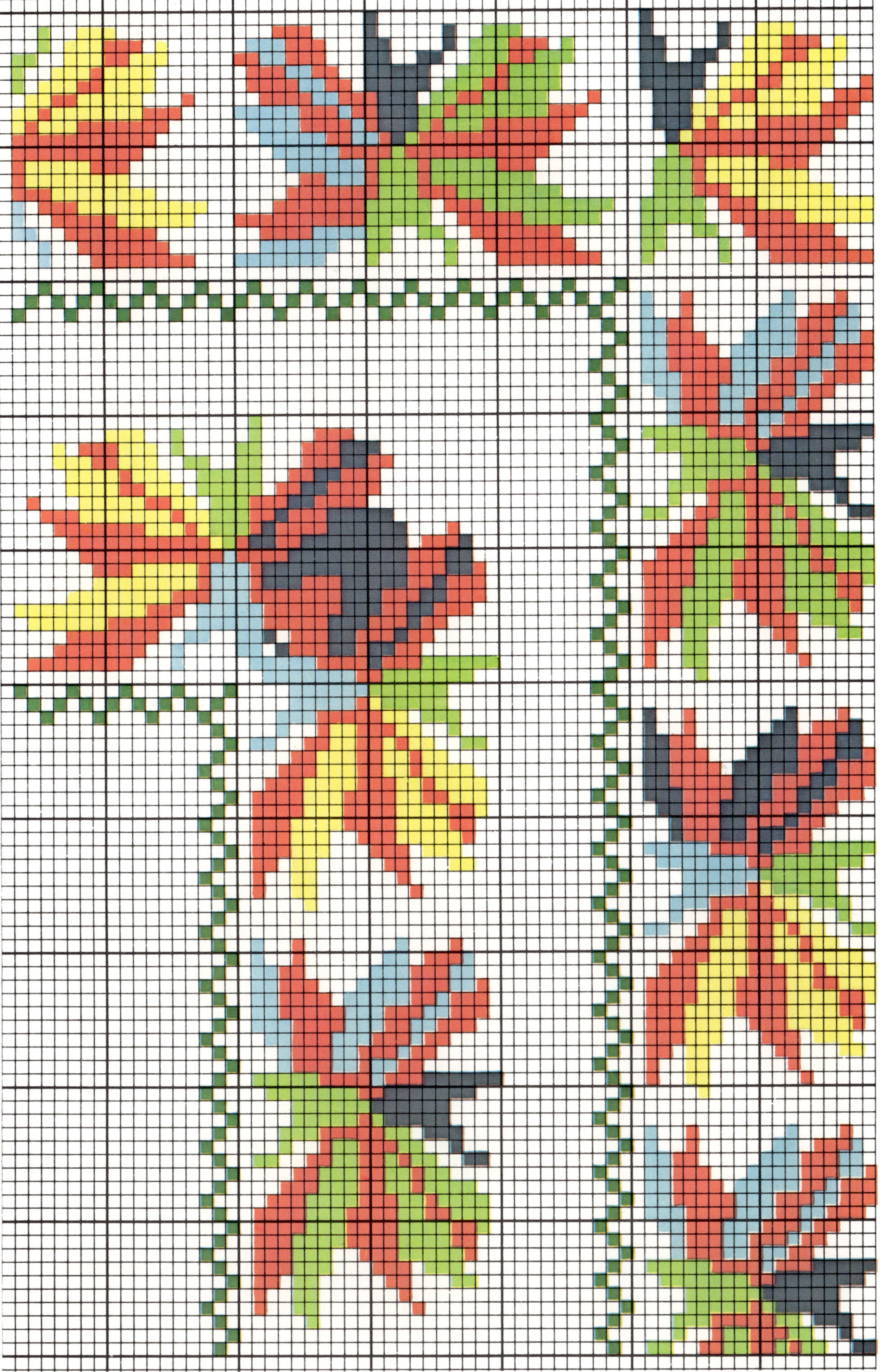

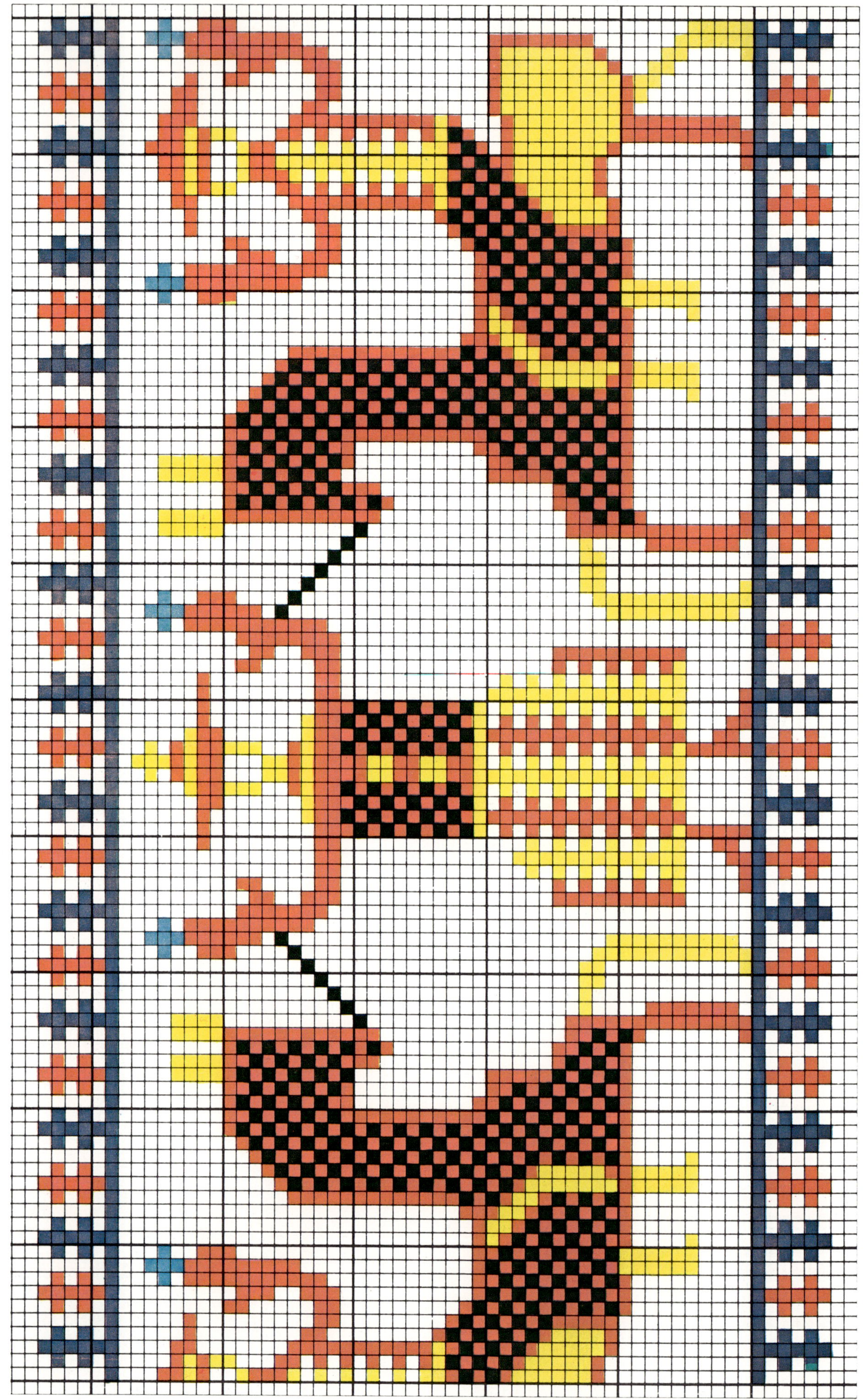

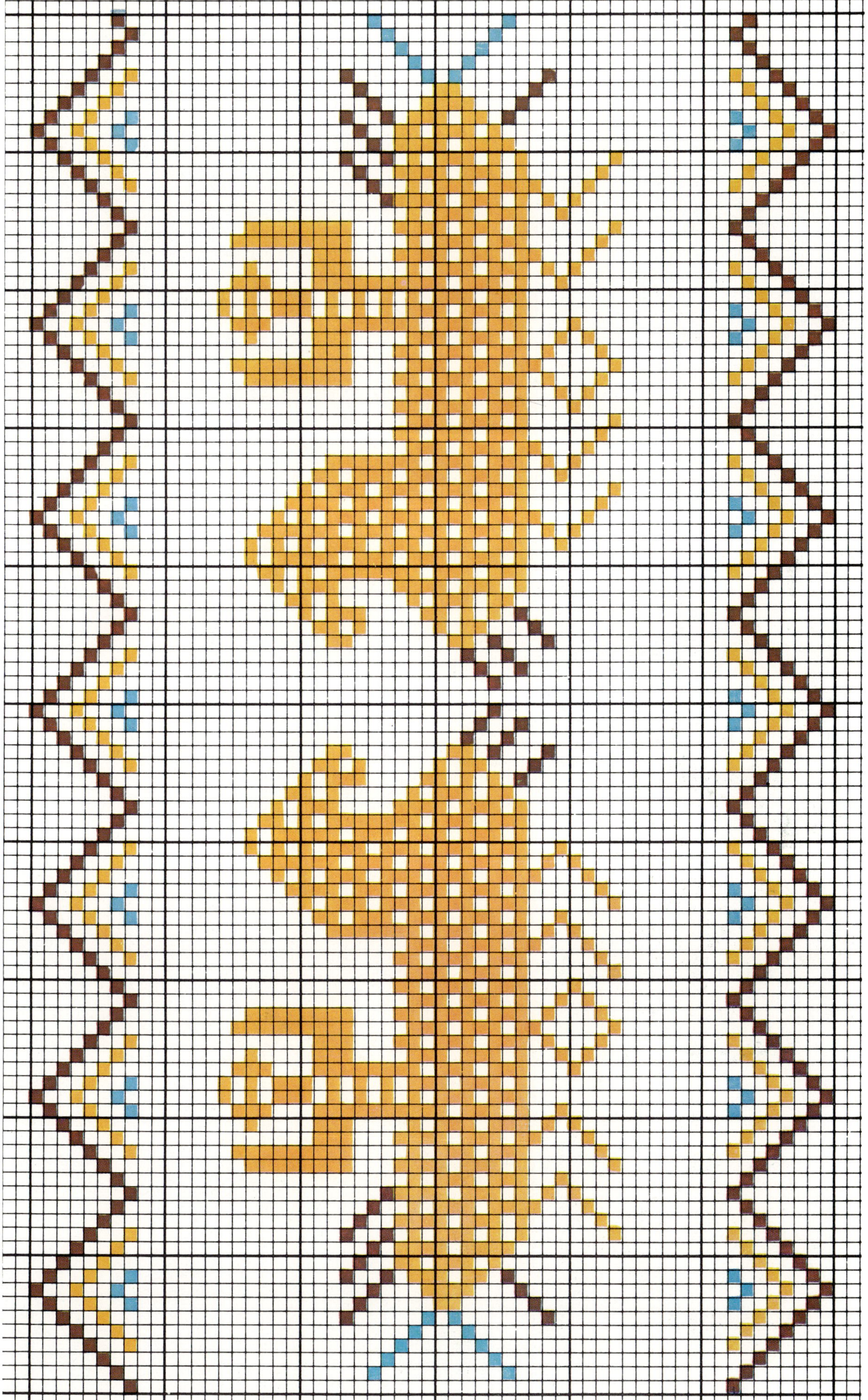

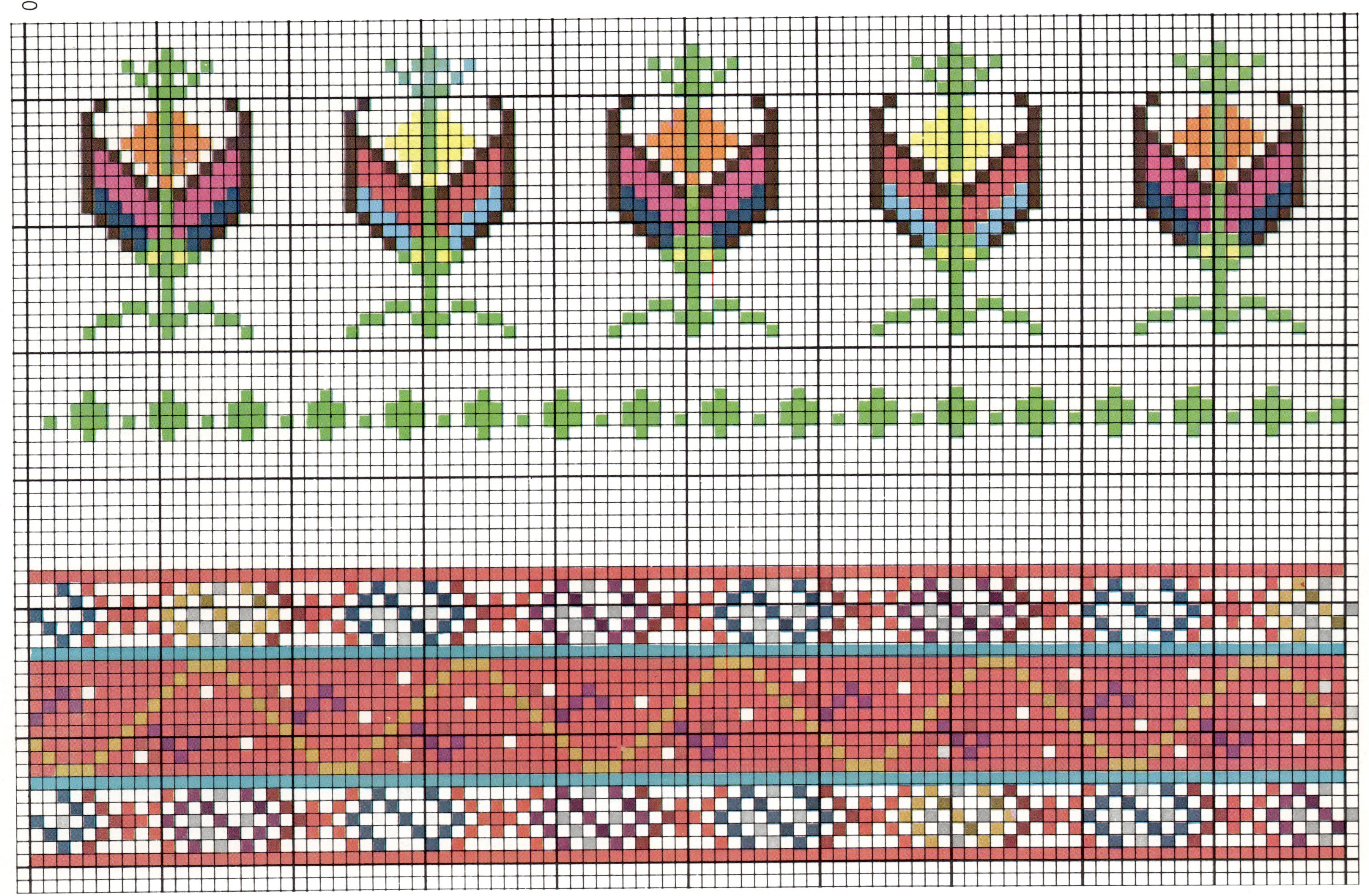

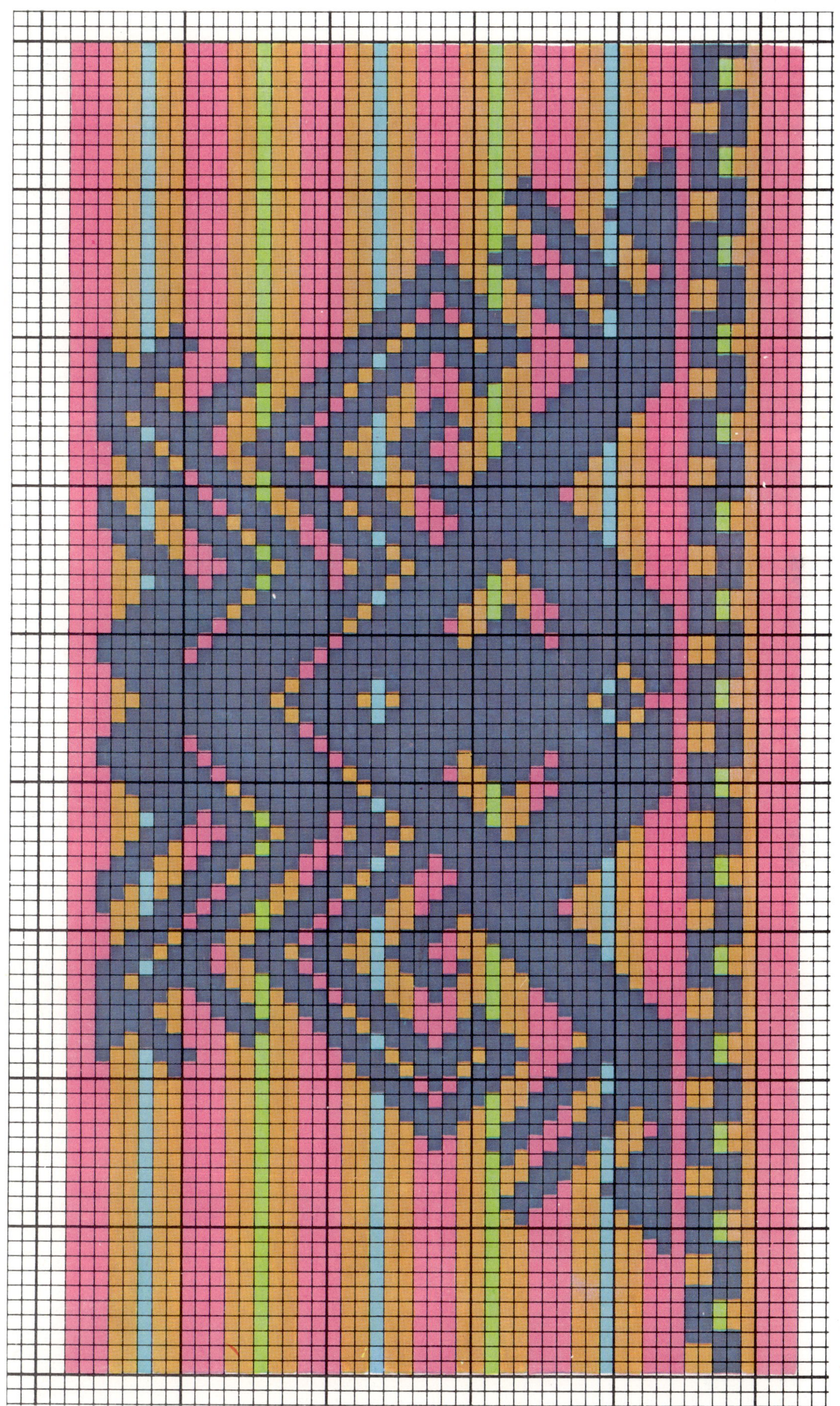

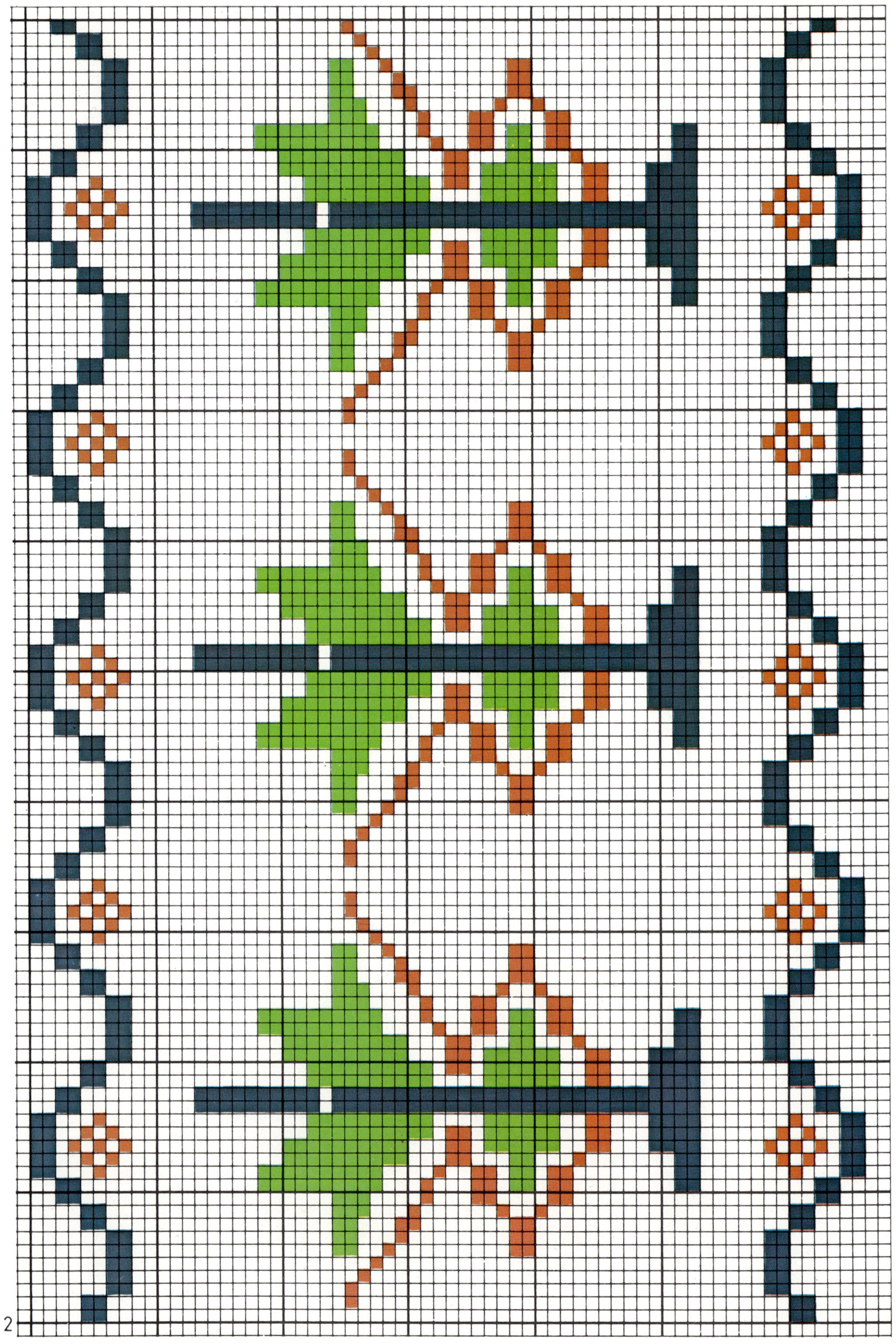

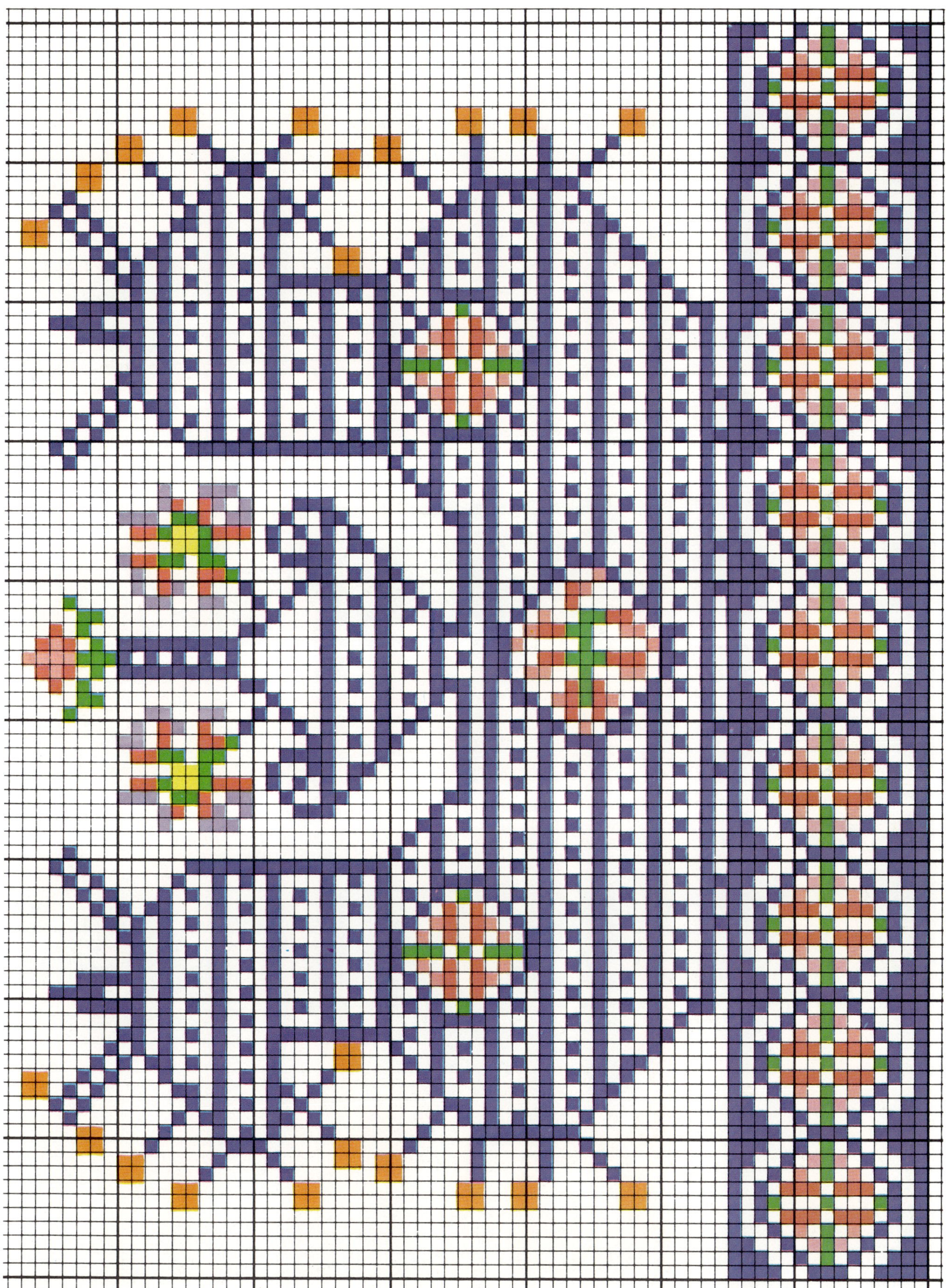

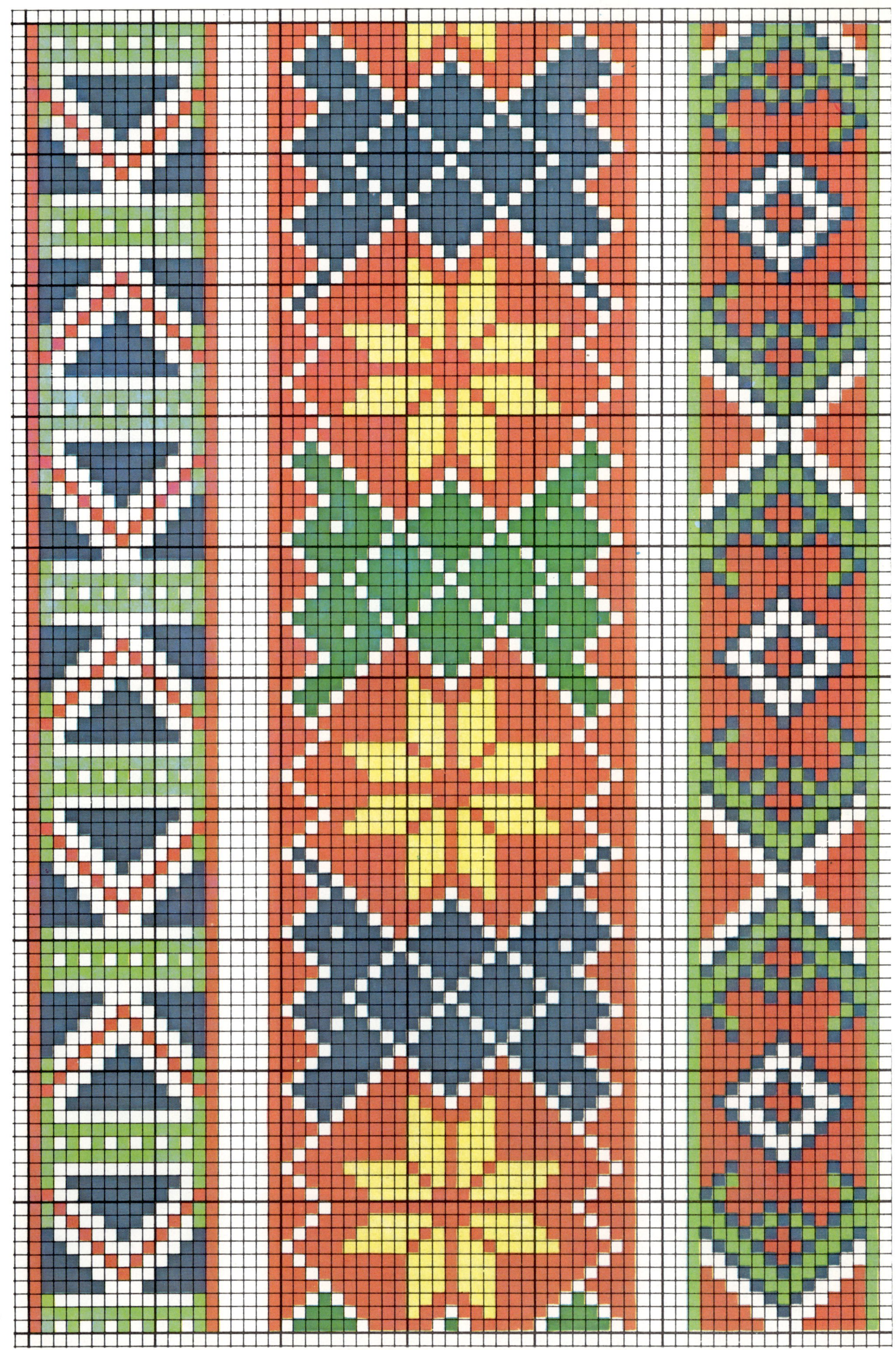

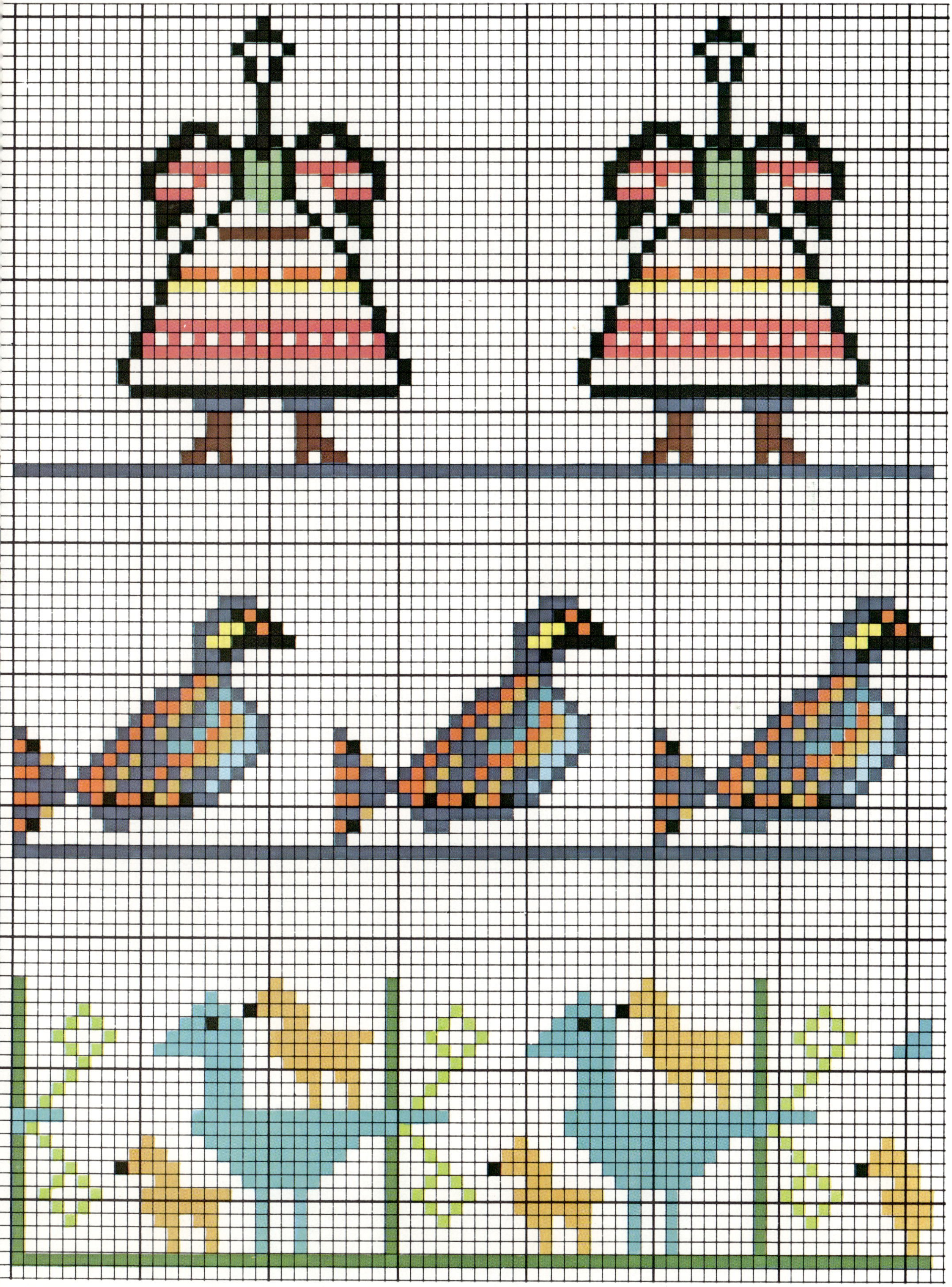

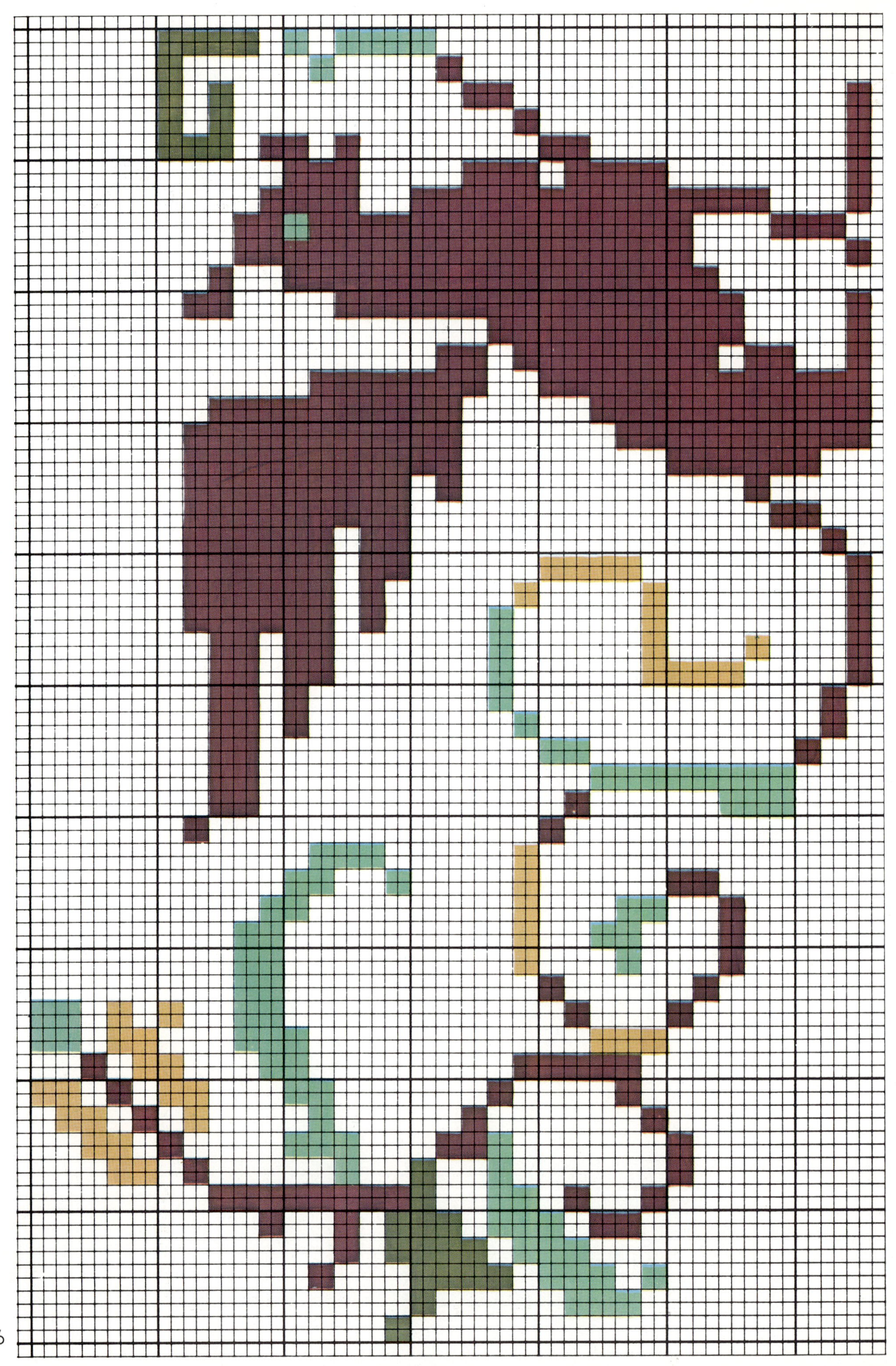

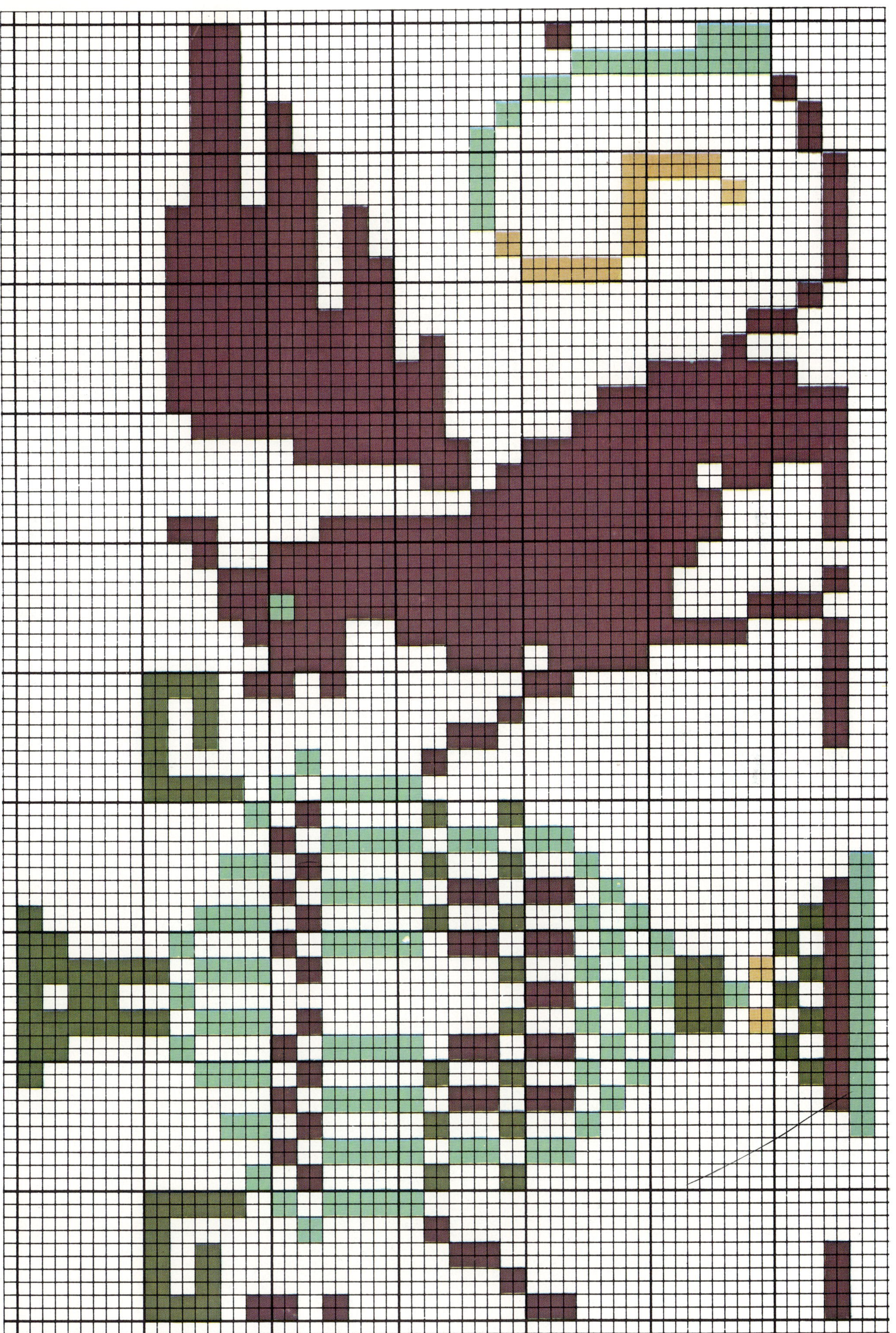

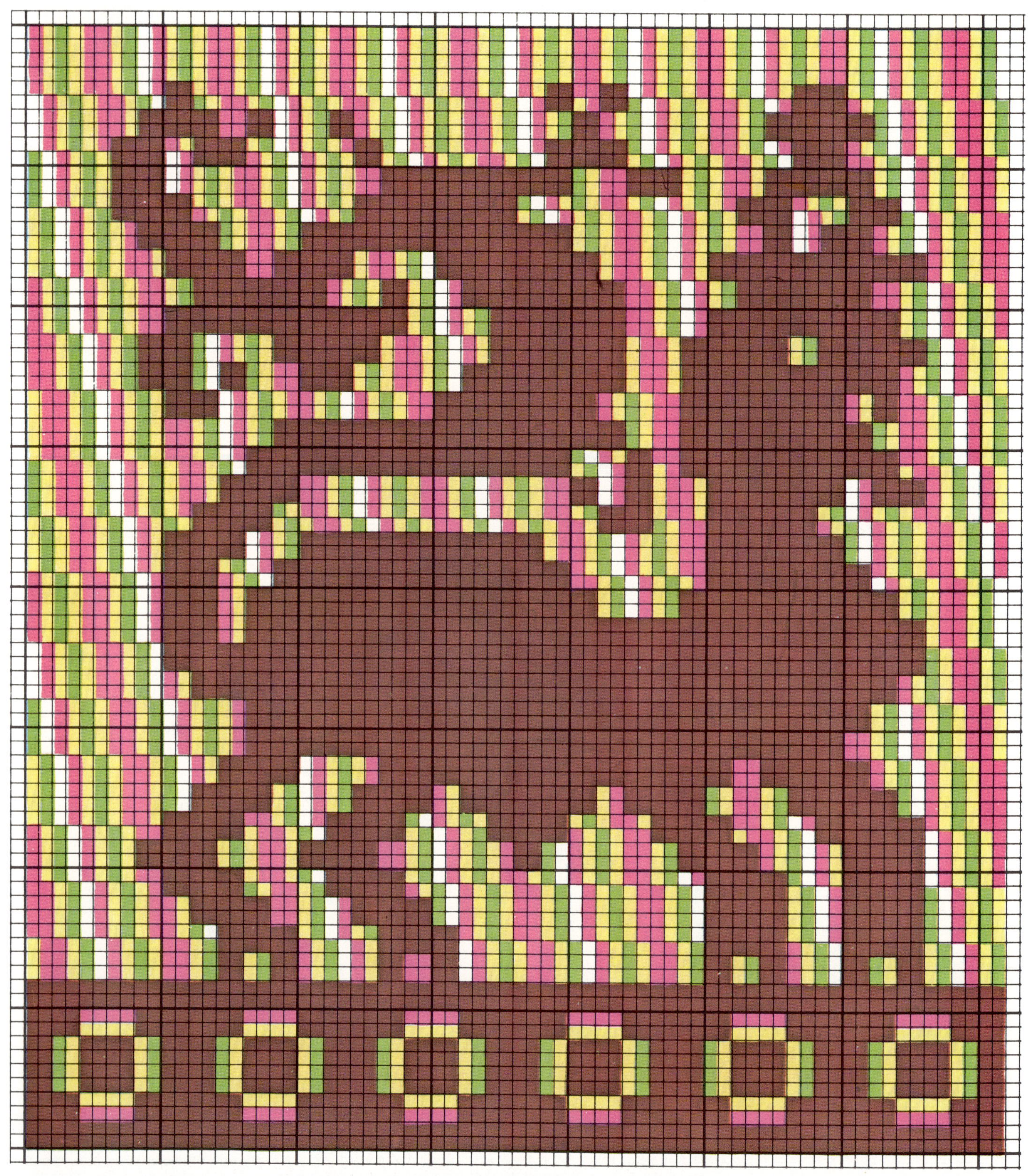

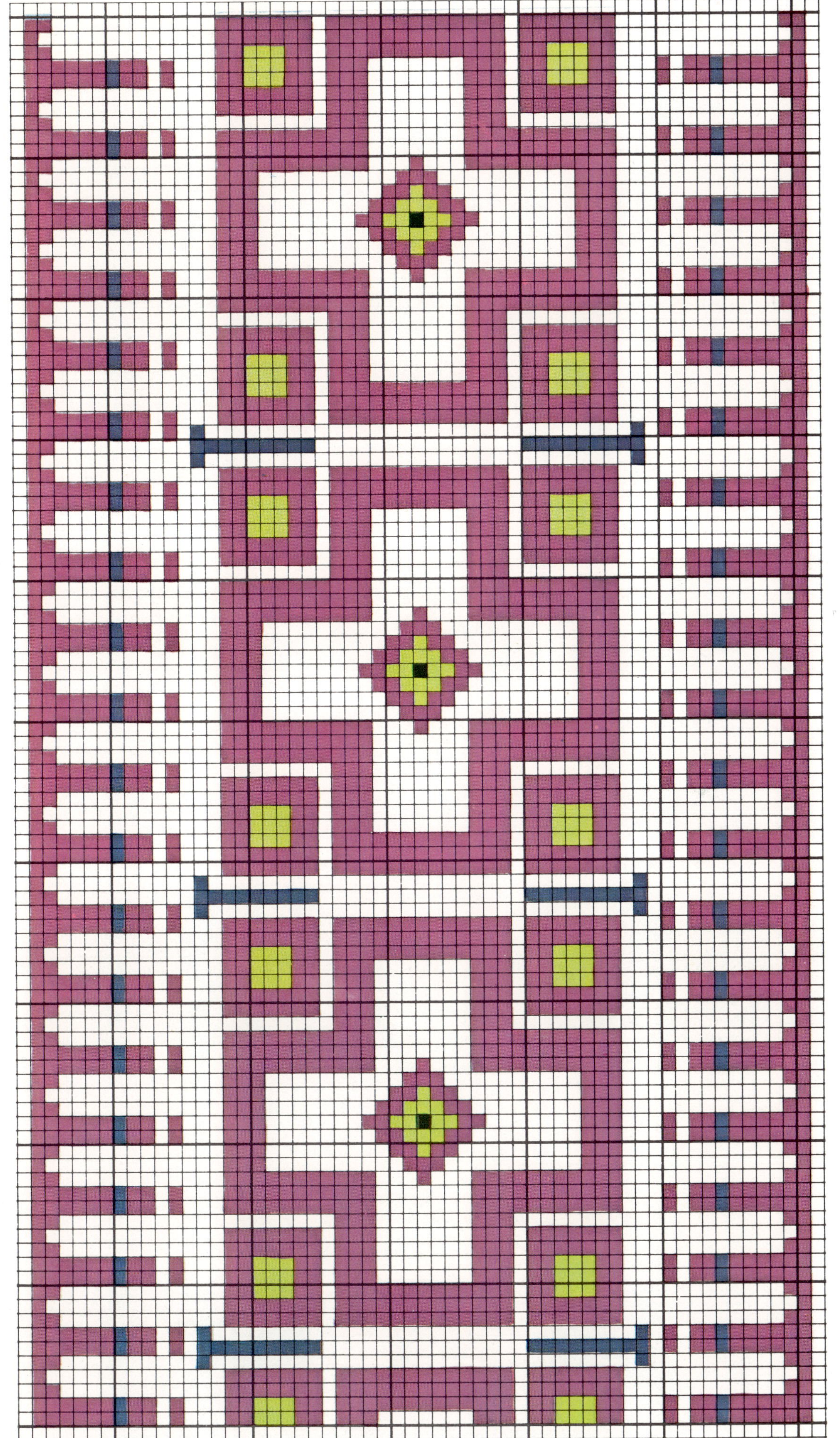

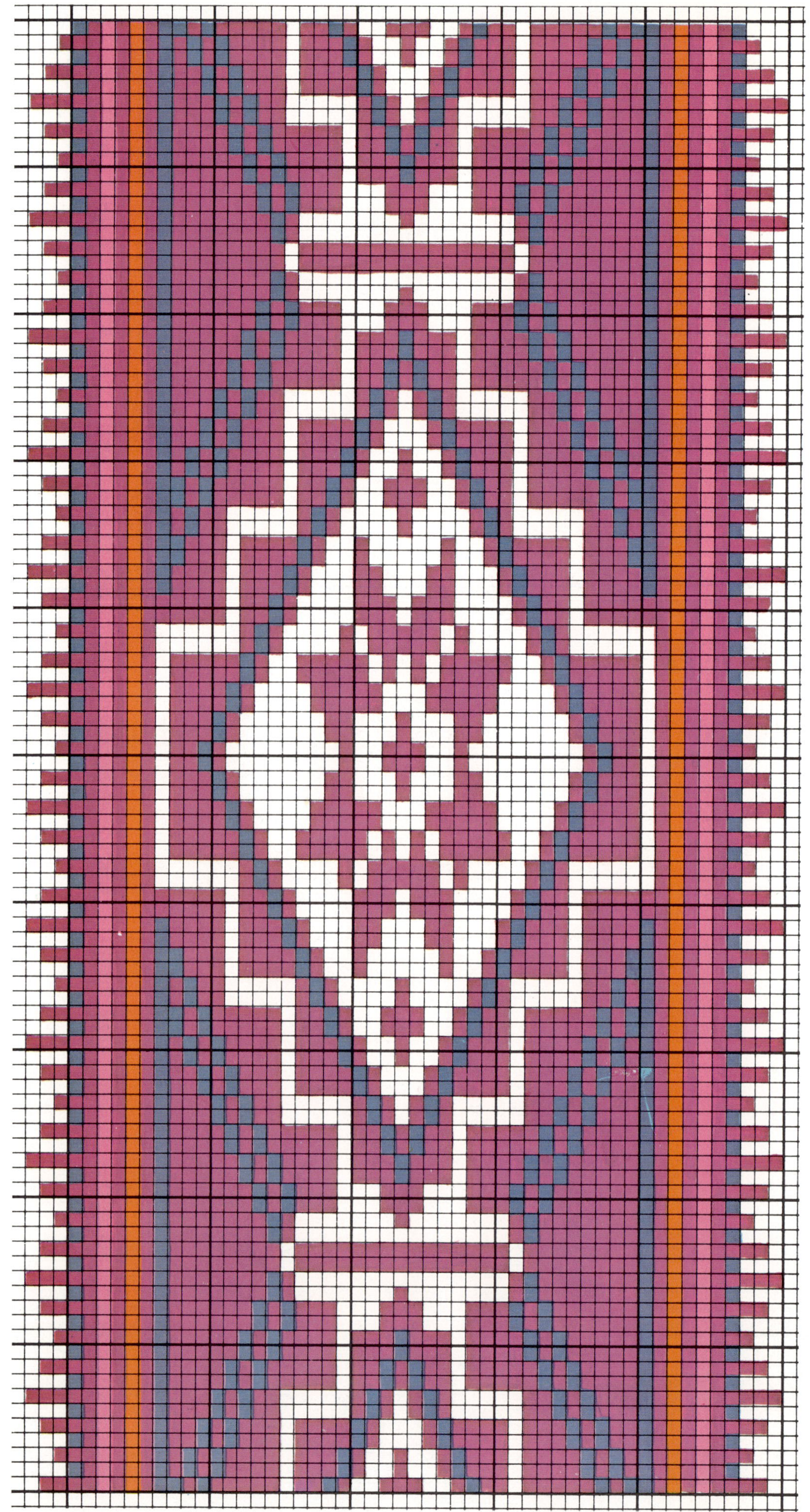

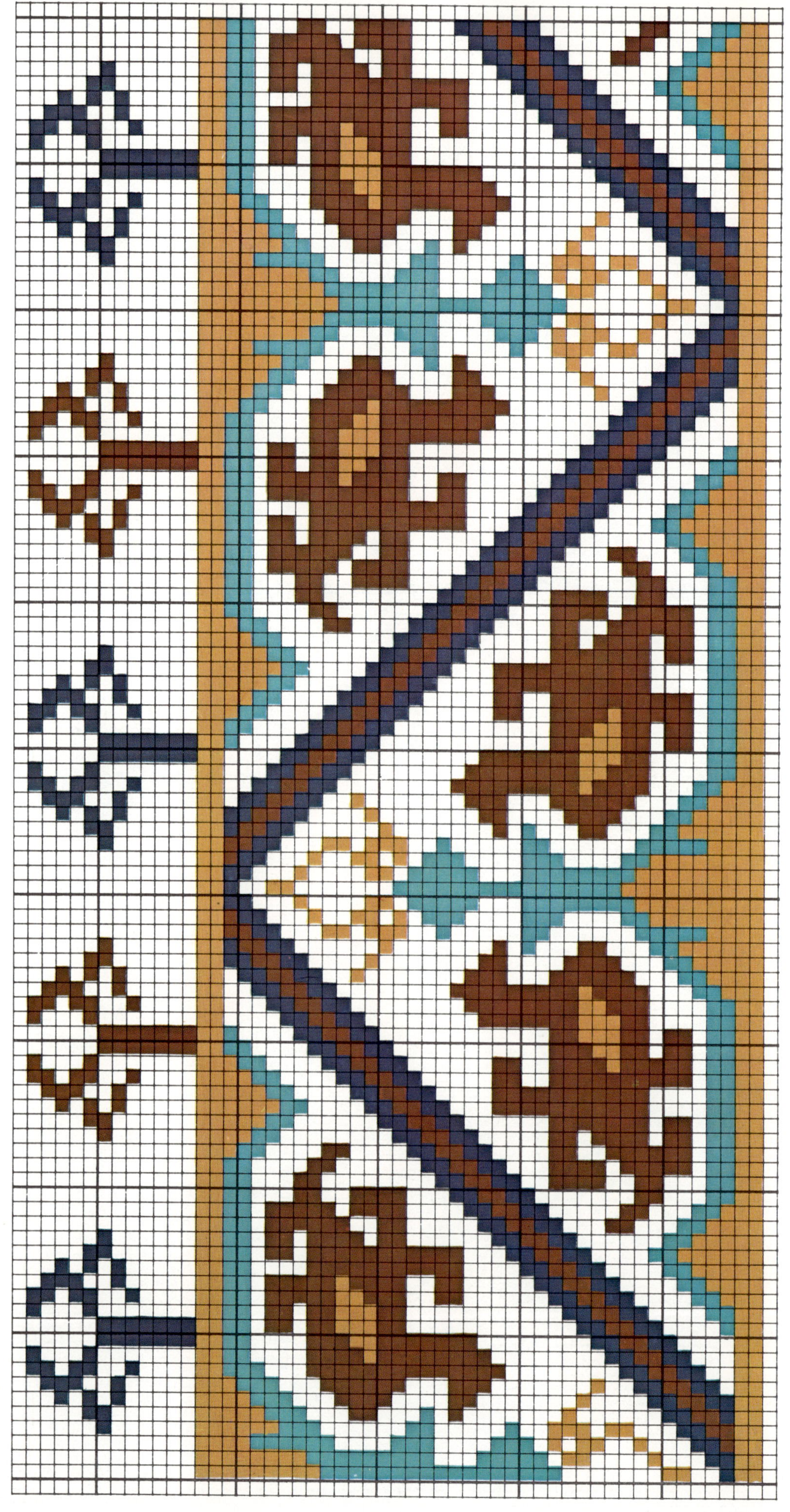

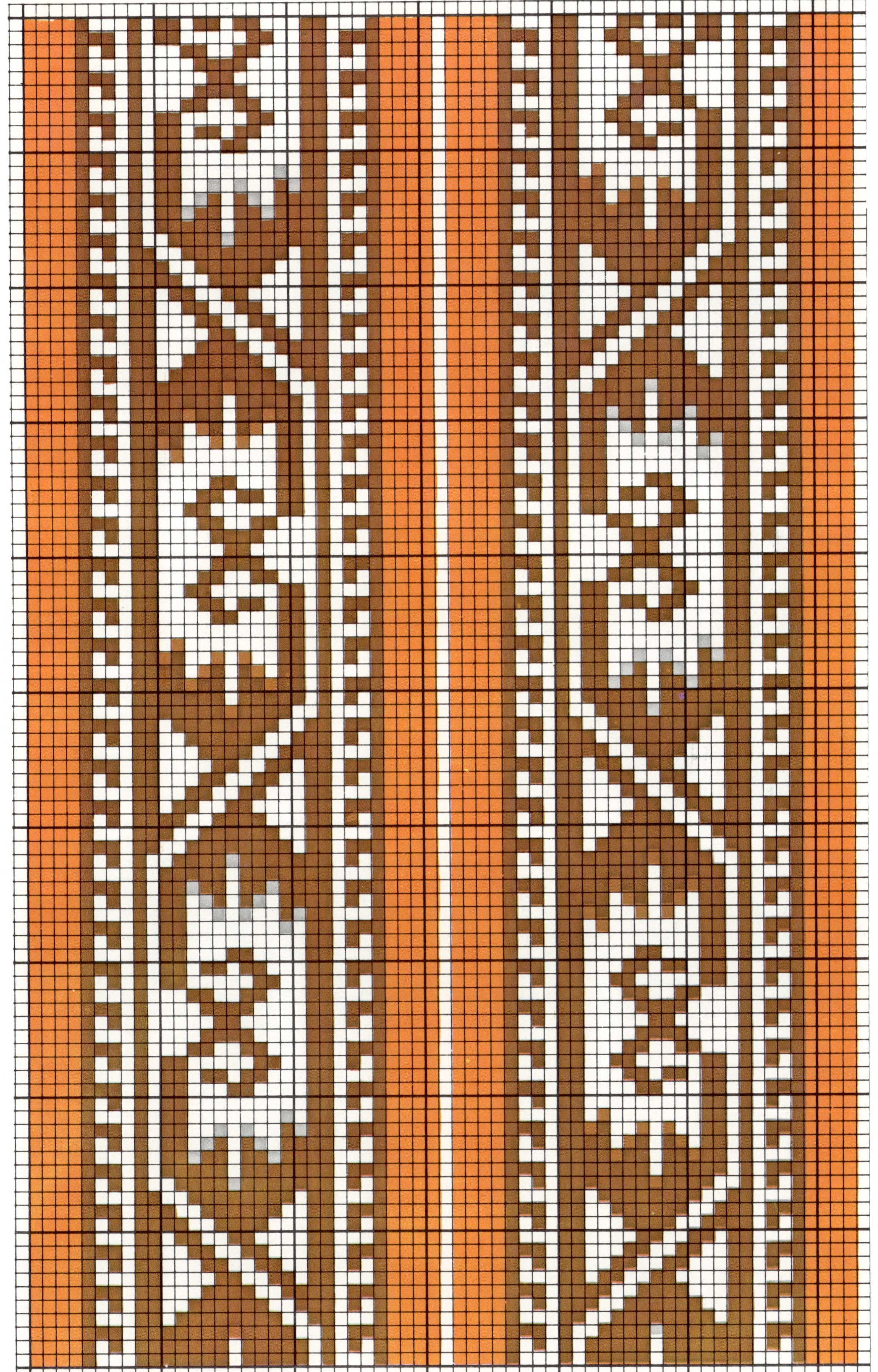

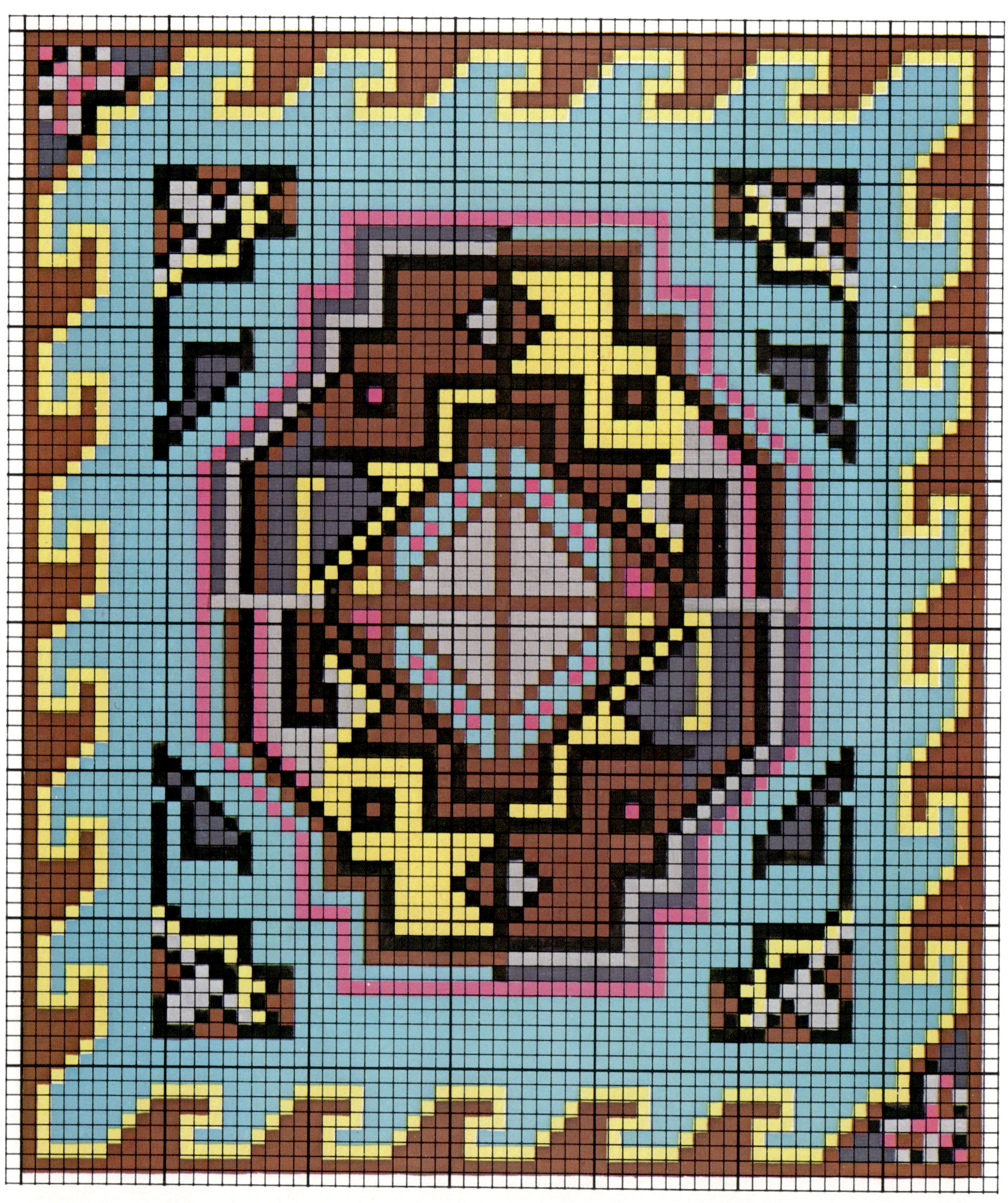

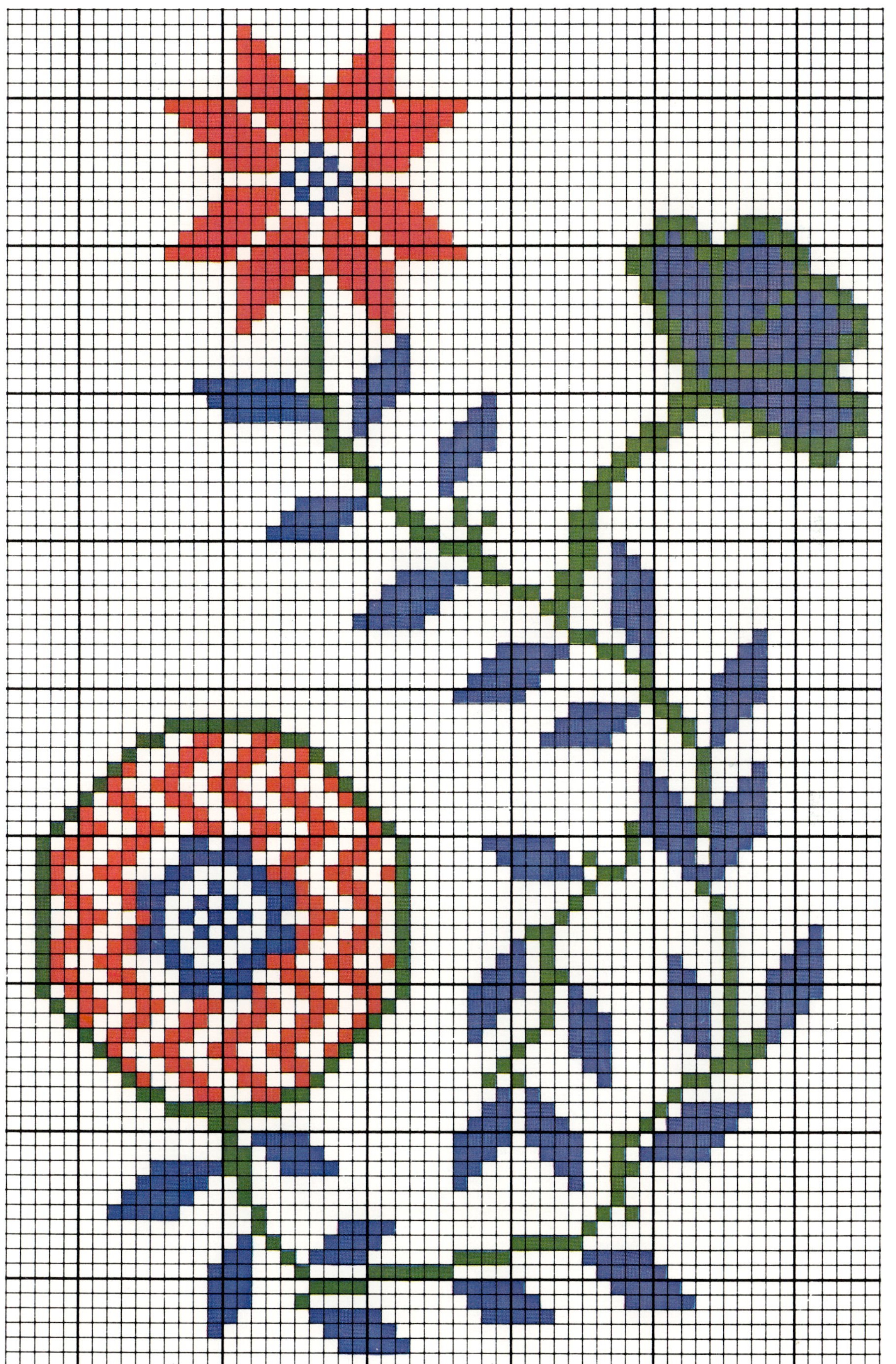

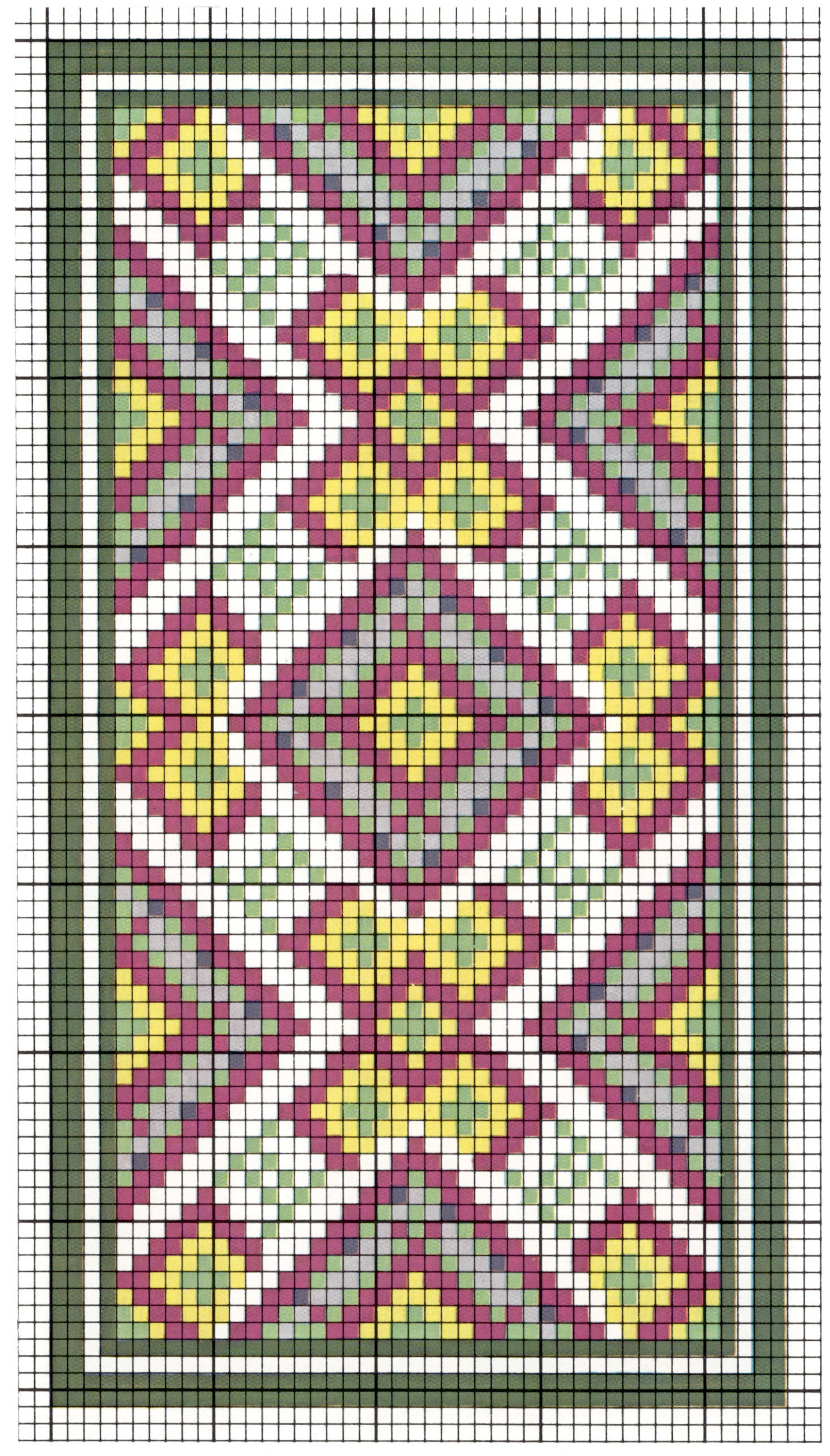

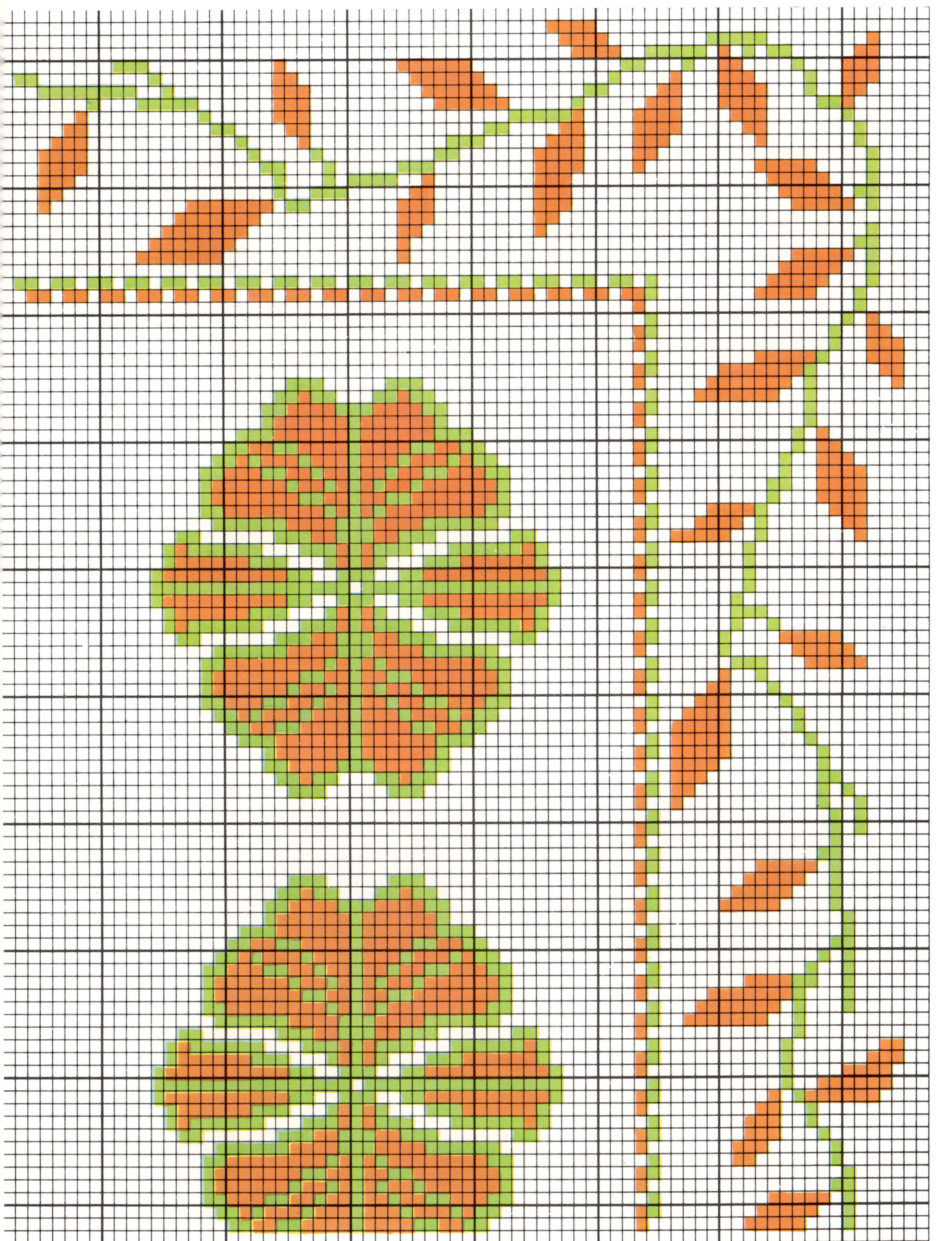

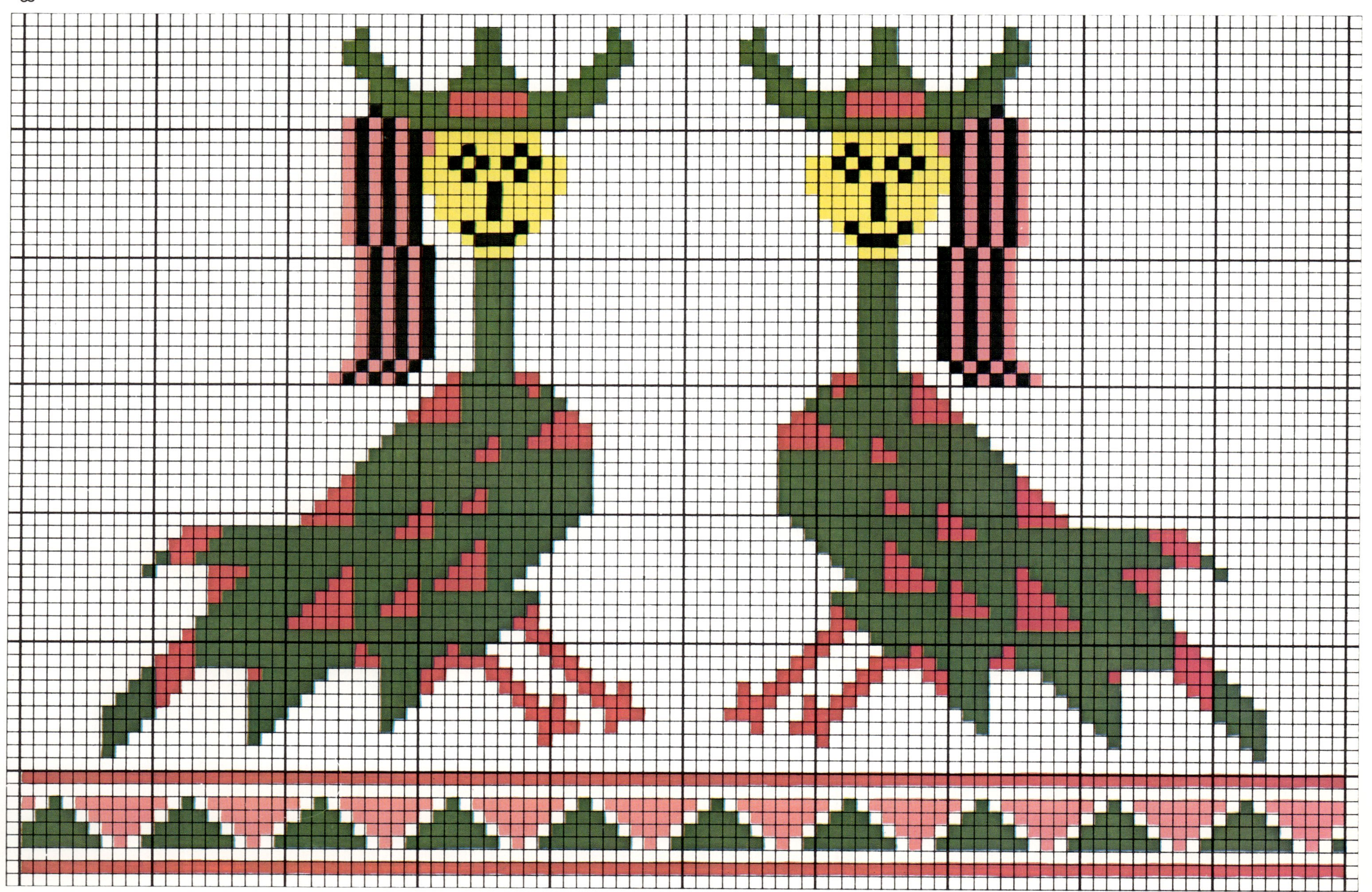

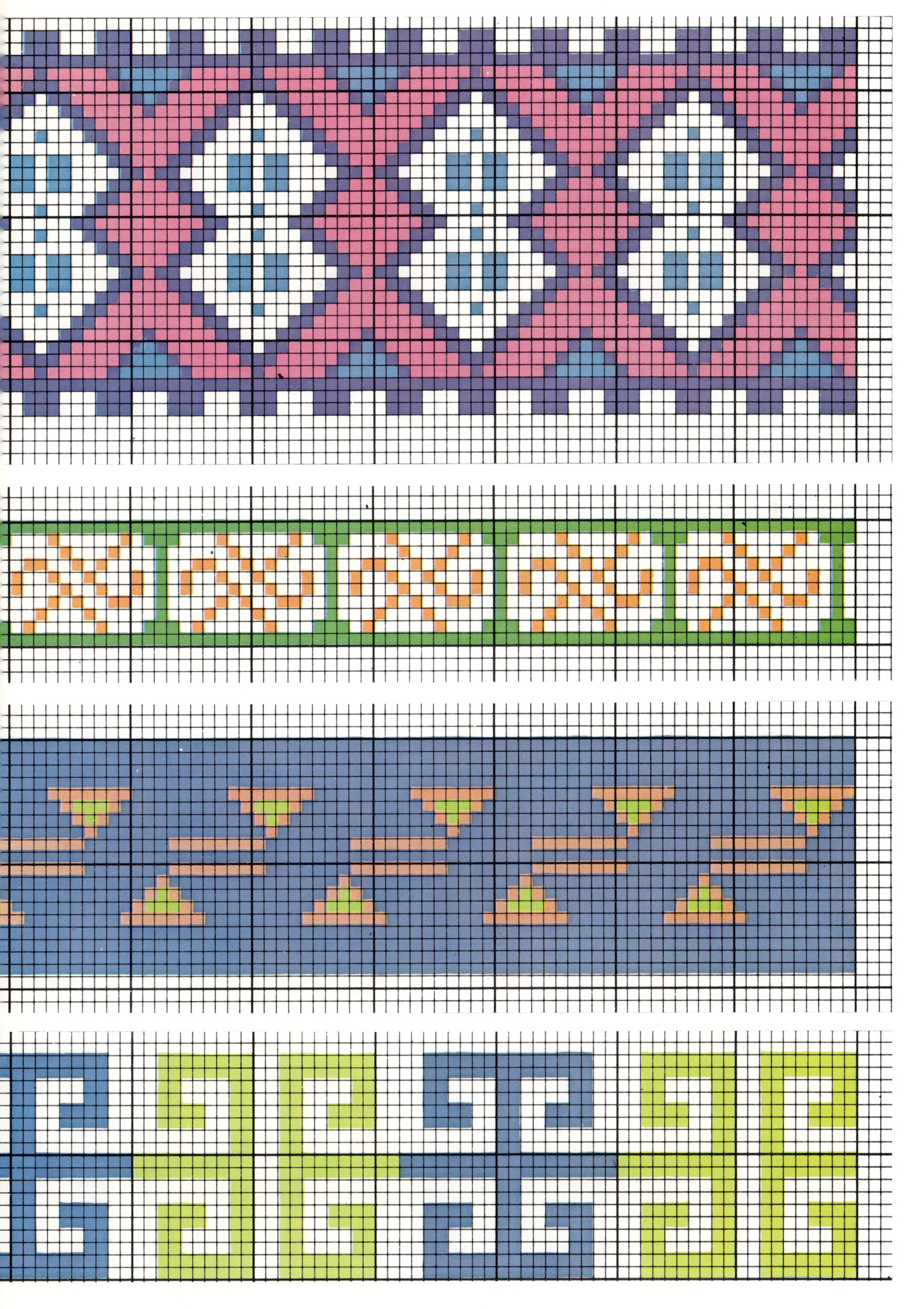

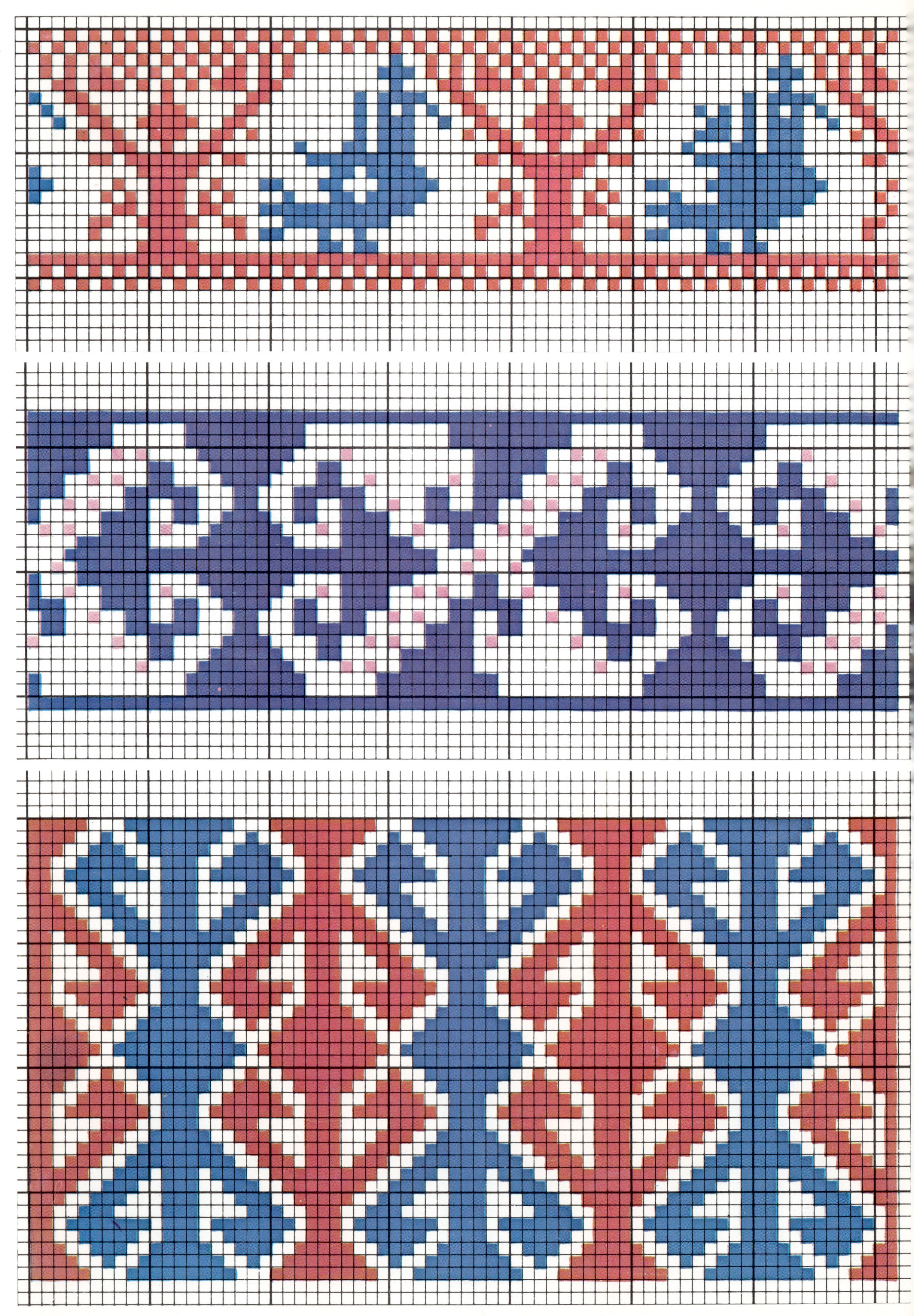

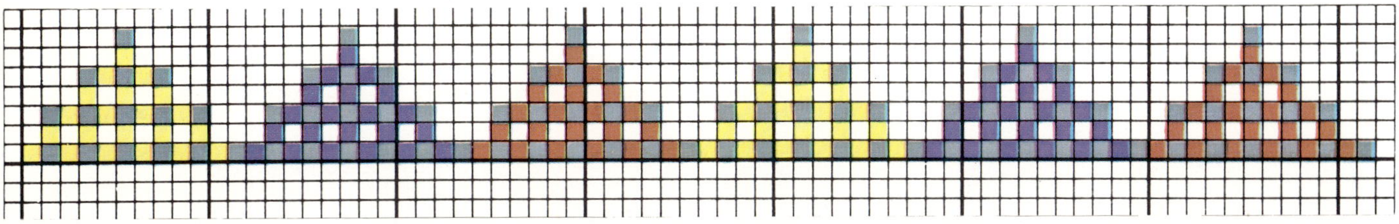

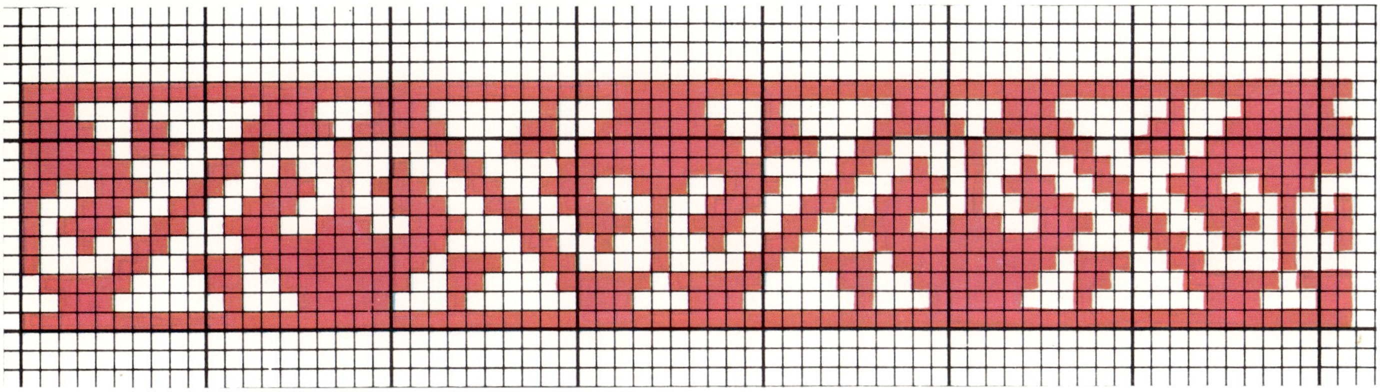

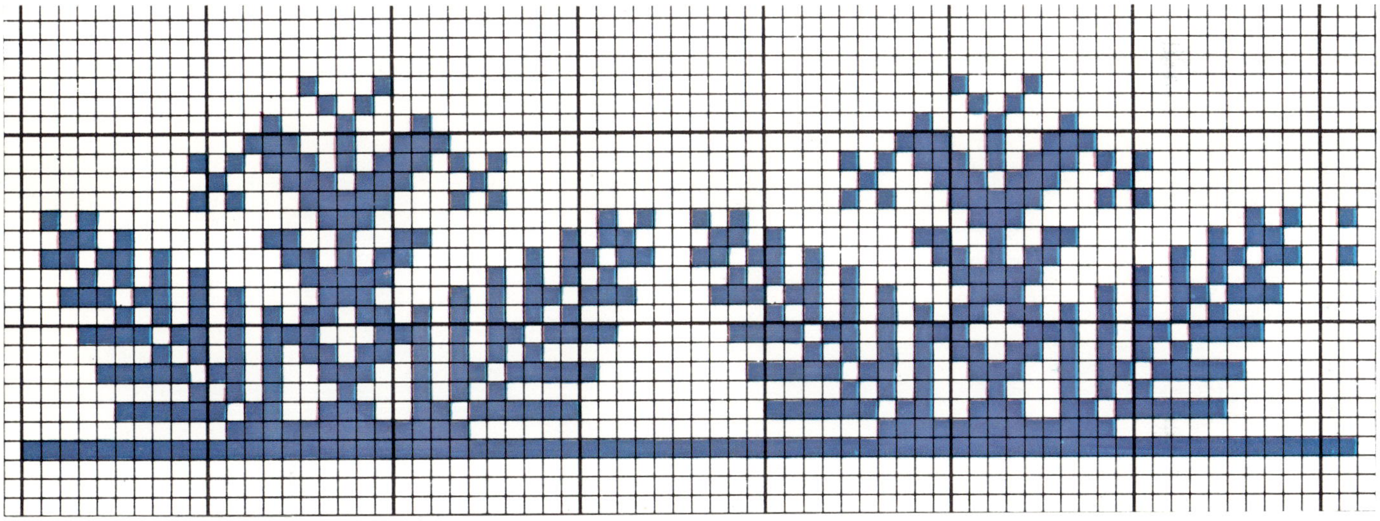

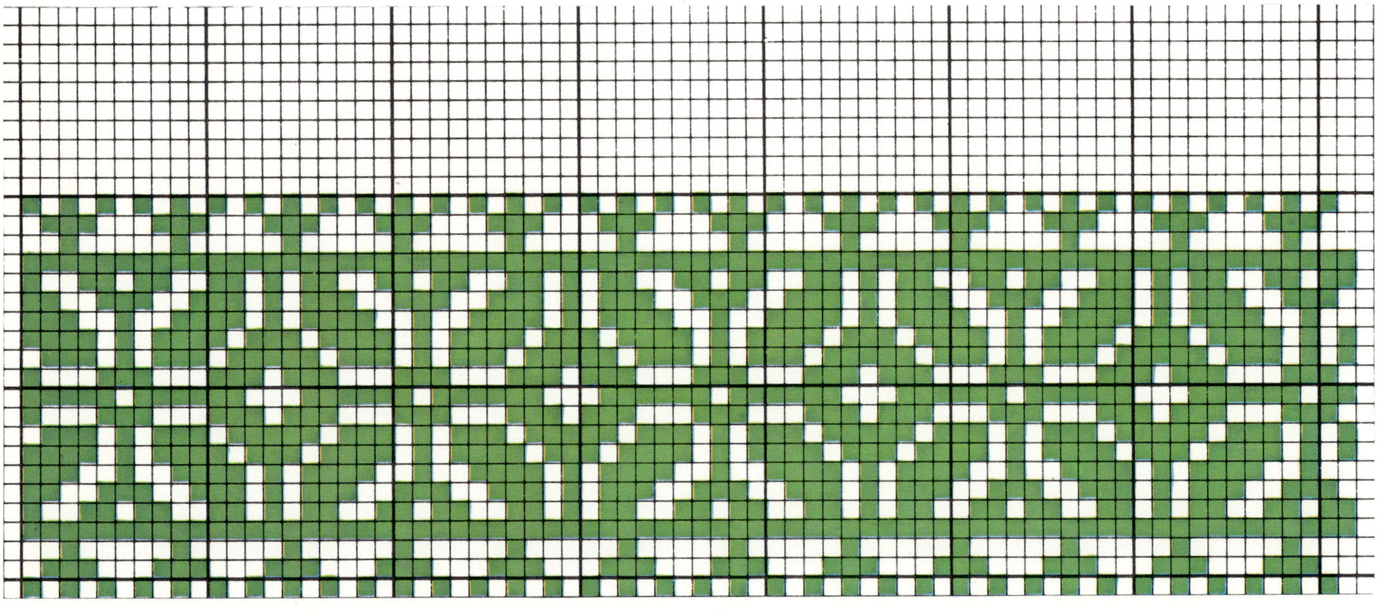